タビストック☆子どもの心と発達シリーズ

子どもを理解する〈2〜3歳〉

Understanding Your Two-Year-Old
Understanding Your Three-Year-Old

リサ・ミラー／ルイーズ・エマニュエル 著
平井正三, 武藤誠 監訳　NPO法人 子どもの心理療法支援会 訳

岩崎学術出版社

Understanding Your Two-Year-Old
by Lisa Miller
Copyright © The Tavistock Clinic 2004
This translation of Understanding Your Two-Year-Old is published by arrangement with
Jessica Kingsley Publishers Ltd, London
through Tuttle-Mori Agency, Inc., Tokyo

Understanding Your Three-Year-Old
by Louise Emanuel
Copyright © The Tavistock Clinic 2005
This translation of Understanding Your Three-Year-Old is published by arrangement with
Jessica Kingsley Publishers Ltd, London
through Tuttle-Mori Agency, Inc., Tokyo

目　次

巻頭言　　7

第Ⅰ部　2歳の子どもを理解する　　11
はじめに　　13
第1章　自己の感覚　　17
世界を探索すること　　18
「僕，それ出来るよ」　　20
「イヤ」という言葉　　22
衝動的な2歳児　　24
安定性と変化　　26
第2章　自分の面倒をみることを学ぶ　　28
食　事　　28
睡　眠　　31
トイレット・トレーニング　　34
これらの問題をまとめてみると　　36
第3章　さまざまな関係性　　39
母親と父親　　39
お母さんとお父さん　　40
新しい赤ちゃん　　42
きょうだいと友だち　　46
保育所，チャイルドマインダー，ナニー　　51
第4章　心と体の発達　　54
遊　び　　54
絵　本　　57

おもちゃとゲーム　*59*
　　想像と空想　*59*
　　話すこととコミュニケーション　*60*
　　テレビとビデオ　*63*
　　子どもの世界の大人たち　*64*

第5章　親　*66*
　　子育ての大変さ　*66*
　　心配するべきとき　*68*
　　家庭の問題　*70*
　　幼児の中の困難　*72*
　　複雑な家族状況　*73*

おわりに　*75*

　　第Ⅱ部　3歳の子どもを理解する　*79*

謝　辞　*81*

はじめに　*83*
　　スキルが発達し，我が強くなる　*85*
　　家族の一員として　*87*
　　分離や変化への対応　*88*
　　この本からなにが得られるのか　*88*

第1章　子どもを理解する　*90*
　　子どもの気質と生活経験　*90*
　　遊ぶという仕事　*91*
　　空想の世界　*92*
　　自分が小さいと感じることと，感情を取り扱うこと　*94*
　　自分の持てる力：僕は何でもできるんだ　*95*
　　想像上の友だち　*96*
　　空想と現実の違いを理解すること　*96*
　　ストレスに満ちた時間に対処すること　*97*
　　空想上のものについての質問　*98*

良心と共感の発達　　98
　　言葉と会話　　100
　　好奇心と質問　　103

第2章　家族生活　　105
　　発展していく家族関係　　105
　　エディプス・コンプレックス　　106
　　母親の美しさと官能的な感情　　107
　　嫉妬と睡眠障害との関連性　　108
　　一人で寝ること　　110
　　小さな子どもがこのような感情に対処すること　　110
　　両親：時には二人だけの時間を持つこと　　112
　　分離の後の再会　　112
　　両親との同一化とアイデンティティの発達　　113
　　両親が一緒にやっていくこと　　115
　　親の役割　　116
　　両親を仲たがいさせること　　117
　　しつけに関する考えの違い　　118
　　競争心を脇に置き，親として協力すること　　119
　　一人親　　120

第3章　家族の中の新しい赤ん坊　　123
　　家族全員にとっての変化　　123
　　　　子どもをつくるのを決めること／中　絶／妊娠のニュース／どうして赤ちゃんはできるの？
　　きょうだい：親しみと嫉妬　　128
　　　　年下のきょうだい／子どもたちそれぞれのニードに応えてあげること／年上のきょうだい
　　よく話し合うこと：友人との会話　　134
　　　　赤ちゃんがやって来ることに備える／早起き／親に怒りをぶつけること／気持ちの荷下ろしをすること／幼稚園に行くこと／子どもの性的な感情／誕生パーティー／赤ちゃんがやって来る

第4章　怒りに上手く対処する　　150
　　怒りと攻撃性　　150

過剰な攻撃性　*151*
　かんしゃく　*154*
　「だめ」と言うこと　*155*
　賄賂と脅し　*157*
　子どもを叩く　*158*

第5章　いろいろな課題を克服する　*161*
　トイレの問題　*161*
　リラックスと睡眠　*164*
　　童話の本とさまざまな体験に取り組むこと／寝る前の儀式
　睡眠の困難　*167*
　　両親の間に割って入る／手放すこと／親の心配に気づくこと／寝る時間の恐怖／夢と悪夢／夜　驚
　食べ物の好みと摂食に関する心配事　*172*
　　食べ物の好みのうるさい子／ジャンクフード／行動との関連　*176*
　性（ジェンダー）の違いと性的アイデンティティ　*176*
　　辛い時間／真実を告げる：いつ，どの程度告げるべきか

第6章　幼稚園に行く　*178*
　バイバイを言う　*179*
　お別れについて遊びで表現する　*180*
　グループの中にいること　*181*
　競　争　*182*
　想像的な遊び　*183*
　グループから一時的に離れる　*183*
　親的な存在としての先生　*184*
　先生の関心を求めるライバル　*184*

おわりに　*186*

読書案内　*187*
監訳者あとがき　*191*
索　引　*195*

巻頭言

　タビストック・クリニックは，心理療法士の訓練やメンタルヘルスのための臨床活動，そして調査研究の拠点施設として世界的な名声を得ています。1920年の設立以来，クリニックの辿ってきた歴史は革新的な取り組みの歴史でした。クリニックの本来の目的は，治療を提供することでしたが，その治療を研究の土台として用いることで，メンタルヘルスの諸問題の社会的予防と治療とにつながることをねらったものでした。また，治療から得られたスキルを他の専門職へと伝えていくこともその目的でした。その後，クリニックの活動は，大きな影響力のある重要な発達心理学研究だけでなく，トラウマの治療や，集団における意識的・無意識的プロセスを解明しようとする研究へと向かいました。周産期における死別への取り組みは，死産に関わる医療専門職や，赤ちゃんとの死別を悲しむ親や家族に向けて新しい形のサポートを展開しようとする医療専門職に新たな理解をもたらしました。1950年代と1960年代に発展した，システム論モデルに基づく心理療法は，子どもと親との相互作用や家族内の相互作用に焦点を当てたものですが，今や重要な理論と治療技法として，タビストックの家族療法の訓練と研究において用いられています。

　この「タビストック　子どもの心と発達」シリーズは，タビストック・クリニックの歴史の中で重要な位置を占めています。これまでにそのつど全く新しい形で3度刊行してきました（1960年代[訳注1]，1990年代，そして今回

訳注1）繁多進監訳『タビストック子どもの発達と心理』（あすなろ書房）として翻訳出版。

の2004年)。それぞれのシリーズで著者たちは，自分自身の臨床領域や専門家としての訓練をもとにして，その時代時代に観察され経験したかぎりでの「普通の発達」について，それがいかに普通でない，驚くような物語をはらんでいるかを描き出そうと試みてきました。本シリーズは，子どもが日々親やその他の養育者，そしてより広い世界の人々と相互に関わり合っていくなかで成長していく様子のひとコマひとコマの意味を理解しようと努めています。もちろん，社会は変化しますし，本シリーズも同じく変化してきています。けれども，このような変化の中でも，変わらないでいることがあります。それは，それぞれの発達段階において体験される強い感情や情緒そのものに目を向けていくことこそが大切だという発達観であり，本シリーズの著者たちはそうした発達観を心から信奉しているのです。

　2歳の部は，シリーズの前の巻で描かれた0歳児の世界と1歳児の世界の延長線上にあります。著者のリサ・ミラーは，2歳児の幼さを感じとっているのが印象的です。たしかに，2歳児は，大人がたくさん援助してあげなければ，生きのびることができないでしょう。けれども，前の0歳児や1歳児の巻に描かれていたことを思い出してみてください。2歳児は，それまでの2年間で膨大な量の経験をすでにしているのです。その中には，複雑に混じり合った情緒的な経験も含まれています。リサ・ミラーは，情動や強い感情に満たされ，それらに特徴づけられる2歳児の発達の様子を，繊細かつ大胆に見渡していきます。このシリーズの趣旨に沿って，彼女は，関係（性）のなかで引き起こされる激しい怒りに尻込みすることなく，それについて考えていきます。それだけでなく，発達につきものの，欲求不満から発する強烈な感情についてもひるまずに考えていきます。距離を置いて離れたところからはロマンティックに見えるかもしれませんが，実際には耐え難い葛藤がうず巻いている，それが生きるということなのです。

　3歳の部は，すでにこのシリーズの0歳，1歳，2歳の部で劇的に展開してきた発達の複雑な話の続きです。読めばおわかりになることですが，この

部で描かれる3歳児の世界は，0歳児，1歳児，2歳児の世界が背景にあります。そして，新しい発達が微妙にそれ以前の発達と結びついていることが明らかになっていきます。3歳児は，赤ちゃん返りをするか，あるいは「小さな大人」の状態になることで，3歳であることの緊張から逃れようとする時があります（これは著者のルイーズ・エマニュエルが，見事に描き出しています）。しかし，それで話は終わりません。変化は容赦なく起こります。3歳児の社会生活はどんどん広がっていきます。想像力豊かな遊びや情緒的な生活は深まりを見せますし，それに加えて，よりはっきりとしたアイデンティティの感覚が出現してきます。この部では，そういった変化が示唆に富んだ魅力的な仕方で描かれています。

ジョナサン・ブラッドレイ
子どもの心理療法士
「タビストック 子どもの心と発達」シリーズ監修者

第Ⅰ部
2歳の子どもを理解する

リサ・ミラー

はじめに

　親からすると，2歳児がまだとても小さな人間であることは忘れがちです。誕生から2歳までというのは，とても長い道のりです。新生児のときの記憶や写真から，最早期の日々を振り返ってみても，その子が，はじめのうちどれほど傷つきやすく，完全に依存していたのかを思い出すのは難しいはずです。小さい赤ちゃんは，一から十まで何でもやってあげないといけません。おっぱいをあげなければなりませんし，安全で暖かく，清潔にしておかなければなりません。それだけでなく，赤ちゃんに代わって考えてあげないといけませんし，赤ちゃんに代わって感じてあげないといけないところもあるのです。赤ちゃんは，自分が何をしたいのか，わかっていません。なぜなら，自分自身の気持ちがまだわからないからです。そのため私たちは，推論や直観を用いたり，赤ちゃんが示すさまざまなサインを読むことで，解釈し，推測し，理解しなくてはなりません。

　赤ちゃんが2歳になると，その姿がそれまでとははっきりと異なってきます。2歳と3歳の間で，幼児は実質的に自分自身の世話ができるようになる力を習得し，それを伸ばしていきます。幼児は，2歳の誕生日までには，もう完全に自由に動けるようになっています。彼らは親を探して見つけ出すことができますし，欲しいものの方に駆け寄り，取って来ることができます。そして，思わぬやり方で親から離れて駆け出してしまい親を困らせます。よちよち歩きの幼児は，自分が思っていることや欲しいものを表現できます。自分自身の心をもっていて，たいへん表現豊かに伝えることができます。ますます流暢に，複雑に言葉を使えるようにもなります。幼児がそれぞれのペ

ースでトイレ・トレーニングができてくるようなると，自分の面倒は自分でみることができるという考えが現実味を帯びてくるのです。幼児が独自の性格を持つようになっていること，つまり好きなものと嫌いなものがあり，やりたいこととやりたくないことがあり，自立へと向かう意欲に満ちた，親とは異なる一人の人間であることは疑いもなくなります。

　しかしながら，この自立は相対的なものです。親は，2歳のわが子の進歩に目をくらまされてしまうかもしれません。流暢に話すようになる子もいれば，熱心に質問するようになる子もいます。あるいは活発に動いて遊んだり，兄や姉と一緒に遊ぶことにエネルギーを向けるのを好むようになったりする子もいます。彼らが急速に成長し，変化していることは確かです。しかし，2歳児は実際にはとても小さな人間なのです。自立したいという2歳児の願いに影響されて親がこのことに目が向けられなくなってしまう場合があります。ある父親は，2歳のロバートという息子について，驚くほどなんでもできるんだ，と話しました。ロバートは，冷蔵庫を開けてジュースの箱を見つけ，ストローを挿すそうです。また，チーズをとって，包装をはがすこともできるし，飲み食いする用意をすることもできます。こういった行動はとても人の注意を引くものであり，2歳児が，自分は他の誰も必要としないし，自分で自分を養うことができる，と見事に示しているように見えます。しかしながら，私たちは皆，実際のロバートは，冷蔵庫を食べ物で一杯にしてくれる人に完全に依存しているのだということを知っています。

　人間という動物には，とても長い依存の期間があります。つまり，2歳児には，自分自身の力だけで生き残る見込みはほとんどありません。ロバートにしても，ジュースやチーズを買ってくれる父親に物質的に依存しています。そして心理的にも依存しています。2歳児は，たくさん可愛がられ，世話されることを必要としています。親は，細心の注意を払って守ってあげないといけない生後数カ月の時期が過去になるときに，ちょっぴり悲しむと同時にほっと安心します。しかし，2歳児にとっては，世界はまだまだよくわからない謎がたくさんあるところなのだということも忘れてはいけません。これは，台所や道路，公園や庭，保育所や家庭といった現実世界にあてはまり

ます。あるいは、自分とは異なる他者のいる世界、つまりそれぞれ好き嫌いをもち、幼児の求めるとおりにはならない存在のいる世界にあてはまります。幼児の心の内側の世界も、彼らにとってまったく謎だらけの世界なのです。それは、さまざまな考え、情緒、希望、怖れ、欲望の世界なのです。

　人生の3年目にあたり、子どもが発見することは莫大です。発達は足早に進み、よちよち歩きをはじめた幼児の学習能力には、あっと言わせるものがあります。しかし、彼らは、心身両面において、多くの時間を大人と一緒にいる必要があります。つまり、2歳児は、刺激を必要としているだけでなく、親が保護し導いてあげ、用心深く見ていてあげる必要があるのです。

　しかしながら、2歳児は周りのすべてに興味を示すだけでなく、彼ら2歳児自身が興味の尽きない存在なのです。本書のような短い本ができることは、人が自分の子どもに感じる自然な興味に共鳴することくらいでしょう。2歳児はみな、人生の同じ段階にいるので、2歳児について一般化することは可能です。しかし、どの2歳児も同じではありませんし、子どもによって発達のスピードは異なるということを忘れないようにすることは大切です。4歳児の親でさえ、それまで親としてやってきたことを振り返ることができます。たとえば4歳児を持つある母親は、息子が2歳半までなかなか話さなくて、それを心配することにどれほどのエネルギーを費やしたのかを述懐しました。彼女は、自分がいかに心配していたのかを思い出しました。近所の人も、彼女の息子がおまるを見るといつも金切り声をあげていたので心配していました。彼女の姉も、自分の双子の娘たちが発達がゆっくりで、恐がってなかなか歩くようにならないのを心配していました。それでも、今自分のまわりの子どもたちをみると、3歳までには、だいたい皆、歩けるようになり、上手に喋り、おまるを使えるようになっているのです。

　2歳児は、赤ちゃんの時期から今まさに幼児の時期に移行するという境目にいます。一生懸命に大きな子たちの一員になろうとし、猛烈な野心に満ち、しばしば上手に理解したりやりとげたりすることもあります。しかし、こうした達成は脆いものです。利発に見えた子どもはたやすく気持ちが崩れてしまいます。そうすると、再び赤ちゃんが目の前にいることがわかります。赤

ちゃんが得ているのと同じような親密な養育をまだまだ求めている，2歳児という赤ちゃんがそこにいるのです。

第1章
自己の感覚

　私たちは，生まれたとき，いや受胎されたときに備わったもので成り立っています。それは遺伝的に備わっているものと言えます。けれども，性格が発達していく時期に環境から受ける影響も同じくらい重要です。これらは相互に作用します。人々は，遺伝的に受け継ぐものがすべてなのか，あるいは，どのように育つのかが重要なのか，と考えることに多くの時間を費やします。しかし，「遺伝」か「養育」か，といった二者択一の問題でないのです。双方の間には複雑な相互作用があり，その相互作用が，私たち大人の自己を形作ります。私たちは，唯一無二の個人として生まれることに疑いはありません。すなわち，独自の才能と可能性をもって生まれてくるのです。しかし，その才能が発達する方向，そして可能性が実現される程度は，環境に大きく影響されます。どんぐりは成長しても，決してチューリップにはなりません。しかし，そのどんぐりが何百年も生き続ける力強い樫の木に成長するかどうかは，その遺伝組織だけでなく，どんぐりが落ちた土壌とその後に起こるすべての事柄と関連しているのです。
　2歳の時に，とても幼いこどもは，唯一無二の個人であるという感覚，「これが私で，私はそれをする」という感覚をはっきりと発達させます。子どもたちが，「私」という言葉を使い始めるときが実際にこの年齢なのです。また，使われている言葉そのものよりもある意味で重要なのが，その言葉の意味です。よちよち歩きの幼児は，自分自身の世界を探求しているのであり，一人の人であるという感覚をもって成人期へと向かう長い旅を歩み始めてい

るのです。

世界を探索すること

　2歳児にとっては，まわりの世界はとても興味深く，刺激的な場所です。1歳の赤ちゃんが，ニコニコしてやり過ごしてきた事柄は，今や考えたり，当惑したりする事柄となります。知能の点では，1歳の赤ちゃんはまだ一緒にいる大人に頼っています。もし赤ちゃんに電話を渡したなら，大人の真似をして耳に当てるか，なめるでしょう。どちらにしても赤ちゃんならば，実際に電話をかけているしぐさだと大人に分からせることで満足します。それは，理解できない多くの事柄のひとつに過ぎないのです。

　ところが，2歳児にとっては，事態は異なります。私たち大人は，世界について学んできた膨大な事柄を，当然のものとみなします。そのうちのいくつかの事柄は，電話のように，人間の何千年もの努力の結晶であり，それを独力で理解するのは非常に困難です。電話の向こうで話しているのがお父さんなんてことがどうしてありうるのか？　よちよち歩きの幼児の視点では，お父さんはここにいるのか，いないのかのどちらかです。「ここにいない」ということですら，まだ扱いにくい概念です。他のどこかにいるということはどういうことだろう？　もちろん，幼児が心の中に，「おばあちゃんの家にいるお父さん」「ガレージにいるお父さん」，「飛行機に乗っているお父さん」といったイメージを持っていると，それが理解の助けになります。しかし，「お父さんはおばあちゃんの家にいる。そして私たちに電話をかけている」という考えを，幼児はどのようにとらえていくのでしょうか？

　ルーシーの幼い息子のネドは，この問題に頻繁に取り組まないといけませんでした。彼の父親は出張で家を空けることが多く，そのためしょっちゅう電話をかけてきました。父親からの電話に対するネドの接し方をしばらく見ていると，それが次第に変わっていく様子がルーシーに見てとれました。最初，ネドは，電話からやってくる声が違って聞こえるものの，本当にお父さんのようだと初めて認識したとき，当惑しながらも喜びました。そしてネ

ドは，さまざまな段階を経て，理解を深めていきました。あるときには，ネドは当惑していただけでなく，緊張しているように見えました。まるで電話器には恐るべき魔法がかけられているかのように，それを拒絶することもありました。お父さんは，その小さな黒い箱の中に入ってしまったんだろうか？　ネドは，お父さんは目の前にはいなくても，どこかに存在していることがありうるという考えをやっと把握し始めたばかりでした。彼は，おばあちゃんの家にいるお父さんということを考えることができました。おばあちゃんの家なら家族みんなが知っていますから。しかし「ロンドンにいる」というのはどういう意味なんだろう？　ロンドンって何だろう？　もしロンドンにいるなら，電話の中にもいるのはどういうわけだろうか？　ネドは，やがてお父さんの声に耳を傾けることができるようになりました。その声を聞いて，喜ぶこともあれば，まるで父親が遠くにいることが嫌だというように少し不機嫌なときもありました。けれども，ようやく電話口のお父さんと自発的に会話し始めるには，3歳近くまでかかったのでした。そばにいるときと同じように，お父さんと電話で話ができるのだとわかるまで，これほどの時間がかかったともいえそうです。

　読者は，電話での会話の理解のことを長々と述べていると思われるかもしれませんが，私が描き出そうとしているのはむしろ，幼い子どもにとって日常の現実について学び，それに適応することがどれほど複雑なものかということなのです。学ばなければいけないことは，実に多いのです。とはいえ，なにかを理解し，身につけるときはいつも，それに応じて子どもは成熟していくのです。ネドは，電話の働きと，その使い方を徐々に理解するにつれ，電話がもつ魔法の力を信じることを放棄する（正確に言えば，放棄し始める）ことができた，と言えます。彼は，それに従って，自分でできるという感覚と，自分自身の力を持った一人の人としての感覚を持つようになりました。それは，魔法の力ではなく，現実の，本当の能力なのです。

「僕，それ出来るよ」

　よちよち歩きの幼児は，自分には何が出来て，何が出来ないかを学んでいます。両極端なのがこの年齢です。無気力で絶望的な幼児ほど惨めなものはなく，また得意満面な子どもほど純粋な喜びで満ち満ちたものもありません。彼らは，極端な態度をとることで，人生に対処します。もちろん結果としては，すっかりバランスを崩してしまいます。彼らは，自分の足はほんの少ししか頼りにならず，少なくとも，行き先を見ないまま全速力で走れば転ぶかもしれないとは理解していません。彼らは，感情の点でも反応の点でも心もとないのです。実際，彼らはどこまでも子どもっぽく，赤ん坊のようでもあるので，私たちはそのことでしばしばうっかりと彼らを叱ってしまっています。

　何かをうまく処理できないとき，彼らはしばしば泣き崩れます。サラは，ドアを開けられなかったとき，泣きながら床に突っ伏してしまいました。父親がドアを開けてくれたとき，すぐに事態が改善したわけではありませんでした。というのは，彼女はドアを自分で開けたかったのです。彼女は閉め出されているという考えに耐えられず，また彼女が出来ないことを父親はできるのだと考えたくなかったのでした。彼女は小さく，みじめで，面目を失ったように感じました。ところが別のときには，サラはまったく違ったふうに感じました。たとえば，父親が彼女のために自転車を取ってきてくれたときには，喜びました。自転車に乗って走り出しながら，まるで自分がワクワクした小さいお姫様になっているように感じているようでした。彼女の父親は，自分自身幾分疲れているときに，こう思いました。「サラはサラなりに，とっても大変なんだろうな」と。

　サラは，いばりちらすことがありました。時として，誰に対しても，何に対しても，自分の意志を押しつけようとしているようにみえました。こういった心の状態は，3歳になったからといって決して終わるわけではないのですが，私たちがそれを最初に知るのは2歳です。なぜ，幼い子どもがそんなにしょっちゅういばりちらそうとするのかを考えてみて，そう振る舞うのは，

小さくて弱いという感情に対する防衛であるだろうと思い起こすことができることが大切なのです。

　よちよち歩きの幼児が世界を極端に見てしまうのは，彼らの年齢や発達段階における現実と関係するところもあります。よちよち歩きの幼児は身体的にとても小さいのです。私たち大人は，幼児の3倍近く背が高いことを考える必要があります。すると，彼らには大人がどれほど巨人に見えているに違いないのかと想像することができるでしょう。大人の平均身長の2倍の高さともなれば，3メートル以上となり，木のように大きく見えるでしょう。私たちは，驚くほど力強く，知識で満たされていて，びっくりするようなものが詰め込まれているように見えているにちがいありません。

　一方で，親が，子どもよりも年長で，大きく，強く，より経験豊かなのは喜ばしきことです。小さい子どもたちは，世話をされたいと思い，誰かが責任を引き受け，物事を整理してくれることを喜んでいるようです。また，抱きしめられ，キスされ，少し赤ちゃん扱いされることを深く味わっているようです。サラは，何でもできて，活発な一方で，非常に神経質で泣き崩れやすい傾向もありました。彼女は，保育園では自分が小さくて心細いのだという感情から懸命に逃れるためにものすごい努力をして走り回らなければならないかのようでした。家に帰ると機嫌が悪いことも多く，父親に命令し，食事を拒み，最後にはかんしゃくを起こしました。サラを保育園に迎えに行き，連れて帰ってくるのは父親の役割でした。父親には，サラが心の平静を保ちながら，大きいふりをしようと懸命になることに，完全に力を使い果たしているのだ，ということがだんだん分かってきました。彼女の「大きい」という考えは，自分は巨大で，強大な力を持っている，という子どもらしい考えに基づくものでした。

　幸運なことに，サラの父親は巨人ではなく，サラよりはかなり大きいけれど普通の大人でした。そして，サラが必要としているのは，興奮を鎮め，くつろげる感じで接してもらうことだ，と理解できる人でした。サラには興奮も気晴らしも必要ありませんでした。彼女が必要としていたのは，静かな時間と，少しでも自分だけに注意を向けてもらうことだったのです。それ以外

のことをすれば，事態を悪化させ，食事をさせたり，お風呂に入れたり，寝かすことも不可能となったでしょう。というのも，そのような心の状態のときに彼女が好んで使った言葉は「イヤ」だったからです。彼女はきわめて激しく決意をもってその言葉を発していました。

「イヤ」という言葉

　2歳児は，「イヤ」という言葉の力を見出し始めます。ある程度，これはよいことです。私たちは，自分の子どもが，自己主張できないままでいたり，自分にとって悪いことを拒否できないままでいたりするようには成長してほしいと思いません。問題は，よちよち歩きの幼児が成長のまさにスタート地点にいることです。自分にとって何がよいことなのか，2歳児はほとんど知りません。ただ，彼らは自分の力に気づき始めているだけです。赤ちゃんは，自分の好き嫌いを人に伝えたり，自分がしたくないことをしたりするのを拒否できる力が相当ありますが，よちよち歩きの幼児になって初めて，自己感覚が高まるなか，自分は「イヤ」と言うことができるのだ，ということを理解し，感じとり始めるのです。

　最初，2歳児は，大きな粗雑な作りの機械を操っている人のようです。細やかさに欠けています。もし，不快なことがあれば，彼らは全力でそれを拒否し，前にはその不快なことを熱心に受け入れていたことを気に掛けることはありません。とはいえ，少なくともときどきは，彼らが考えることのできないことを考えてあげながら，扱ってあげる必要があります。私たち大人がよちよち歩きの幼児と同じモードに陥り争ってしまうのは，ほとんど自動的に起きてしまうことであり，単にそうした気持ちに駆られるという程度以上のものです。これは「目には目を，歯に歯を」の戦いで，大人の方が大きいので，勝利に持っていくことはできます。しかし，後になって考えると，何も解決しなかったと感じるのです。

　もちろん，親が責任を引き受けるしかないという時もあります。デブというある母親は，一番下の息子のアレックスを少しの間，仕事に連れて行きま

した。アレックスは，楽しいひと時を過ごしましたが，最後には興奮しすぎてしまい，机の間を走りまわり，周りをハラハラさせ注目をたくさん浴びました。デブは，もう仕事を終えて帰る時間だと悟り，アレックスを捕まえました。アレックスはすぐにギャーギャー騒ぎ始めました。デブは，あまり構い過ぎないようにして，「アレックス，行くよ」と言って，同僚にさよならを告げて彼を連れていきました。アレックスは騒ぎ立てて反抗しましたが，その時に男性の同僚が「たくましい子になるよ，デブ」とむしろ認めてくれているような言葉を掛けてくれました。アレックスは，階段を下りるときも叫んでいました。そして，デブはアレックスに共感的に話しかけ，車のチャイルドシートに乗せました。車を発車させる頃には，アレックスは親指を口にもっていき，居眠りしていました。次の日，彼女はアレックスを連れずに，会社に行きました。同じ同僚が彼女に「彼は頑張ってあなたと引き分けたんだ」と言ってくれたのです。デブは微笑みました。同僚は，どちらも負けなかったと感じていたようでした。

　おそらく，ここはよく考えるべきところです。私たちが2歳児と戦いになるとき，デブがアレックスと戦っていたときのようにその責任を引き受けることができずに，「我を失い」「度が過ぎ」，実際に心底怒ったり，動揺したり，感情を抑えきれなくなったりしていると内心分かっていながら，そうしてしまうことがあります。そこには大きな違いがあります。このようなとき，親が罪悪感や後悔の念を感じないでいることは，まれであるにちがいありません。なぜなら，自分がまったく冷静でなく，落ち着きを失ってしまったとわかっているからです。よちよち歩きの幼児の感情は生々しいので，私たちの中にあるほとんど原始的と言っていい部分に火をつけます。そのようなとき，親は，自分の感情をなんとか収め，「冷静さを失ってはだめだ」と自分に言い聞かせようとして，自分は子どもから見たらとても大きいし，本当は恐ろしい存在なのだと思い出そうともがいているはずです。

　幼い子どもにとって未だに理解するのに難しい課題は，「no」は，とても大切なよい言葉になる可能性があるということです。少なくとも彼らがその言葉を発するときには，すばらしい言葉のように思えます。ところが，その

言葉を自分に向かって言われると、それは身の毛もよだつほど受け入れがたいのです。そのことについては私たちも共感できます。けれども、私たちが、自分自身に「ダメ」と言うのが適切で、そうしなければないときはいつか、骨身に沁みて感じるようになることは、とても大切です。この感覚の例の多くは、些細なものですが、積み重なって大きなものとなります。その結果、大人は「ダメ」と優しく言え、さらにそれが適切なのです。この段階では、2歳児にとって世界は大小さまざまな危険で満たされています。「ダメ」という言葉は、実際の制止行動や予防策によって裏打ちされる必要があります。幼児が、熱い鍋や、火、マッチ、アイロンに近づくことに対して、「ダメ」と言うだけではよくありません。こういった危険なものは、手の届かないように、コンロの奥に置いたり、隠しておいたりする必要があります。同時に、私たちは説明をする必要もあります。子どもは、あたかも説明は十分理解しているとでもいうように、とても知的に賢くみえることがあります。けれども、それを信じてはいけません。デブが帰宅したとき、ベビーシッターは気も狂わんばかりの様子でいました。そして、アレックスは、手当てされ包帯を巻かれた手を、はにかみながらも自慢げに見せました。彼はアイロンを触ったのでした。

衝動的な2歳児

アレックスのように、2歳児の自己コントロールはあてにはなりません。自分自身をコントロールしているという感覚や、過去の経験から学ぶ感覚を獲得するのは簡単なことではないのです。たいていの親は、幼い子どもの感情が極端に揺れ動くのと同じように、子どもの衝動は不確かで、その衝動によってすぐに行動するものだ、ということを理解します。「あーどうしよう。はさみを持っているわ。切るつもりだわ」。娘のソフィーの姿を見たとき、母親は驚きで息が止まりそうになりました。小さなソフィーは、瞬く間にカーテンをざっくりと切りました。

こういった行為はすべて、現実を把握しようとする試みの一部分です。外

側の世界だけでなく，自分の心の中の世界を知っていこうとしているのです。ソフィーの行動のように，2歳の子どもは，先を考えることはできません。つまり，自分の行動の結果を考えたり，そうなってしまう理由を考えることができないのです。これらの能力の習得は，時間の感覚を習得することと結びついています。すなわち，過去の経験から結果を導き出して学び，未来に起こることを心に描けるようになる感覚を習得することと結びついているのです。

　幼い赤ちゃんには時間の感覚がありません。親は，そうした状態に引き込まれていき，1週間は1年のように思えてくるのです。2歳児は，しばしば素晴らしく記憶力が良いように見えます。しかし，これらの記憶は，まだ確実な場所を持たず，思い通りに引き出せるものにはなっていません。たいていの人の場合，意識できる記憶，つまり存在が連続性を持っているという感覚は，4歳あたりで始まります。それ以前には，断片的な記憶がぱっとよみがえることがありますが，それは意識できる記憶と同じものではありません。幼い子どもたちのために私たちがしなければならないことは，彼らの記憶を補完するように振舞うことです。つまり，私たちは，彼らの生活の連続性をしっかりと維持してあげるのです。こうしたことを考えていなくても，私たちは幼い子どもに，前にはこんなことが起こったね，と思い出させてあげています。それによって，私たちは，時間の測り方をこどもたちに教えているのです。たとえば，「お兄ちゃんやお姉ちゃんが，学校から帰ってくるときよ」とか，「あなたが幼稚園に行ってしまったあとよ」とか「午前中よ」といった具合に，です。

　2歳児は，ともすれば混乱してしまうような事柄から秩序と意味を引き出すのを，大人が手伝ってくれることを必要としています。彼らにはまた，ある程度予想のできる生活も必要です。決まった日課は，彼らの友達となります。もちろんその日課は，無意味で思慮のない日課のことではなく，1日がどんなふうに過ぎていくかを示すものであり，それによって，混乱させられるような世界に安全感をもたらすような日課のことです。幼いサラは帰宅すると，取り乱した状態になることがありました。しかし，だんだんと家で

過ごす晩の日課を深く愛するようになりました。彼女はよい保育所に通っていたのですが，そこに行くことは，彼女にとって明らかに大変なことでした。彼女は，夕食時に同じパターンで過ごすのをとても好みました。おやつを食べているときには本からお話を1つ読んでもらい，その後にはお父さんと少し遊び，お父さんが料理をし，お母さんが帰ってくるのを待っている間は，ビデオを見てなごみました。お母さんが帰ってきた後は，お母さんと一緒にいて，お話をしたり，お風呂に入れてもらったりしました。入浴と寝つかせるパターンはいつも同じでした。サラが，そのパターンにこだわったからです。彼女は，自分がリラックスできるお決まりの設定を変わらずに保つことで，多くの安らぎを得ました。それだけでなく，この日課によって，お父さんとお母さんから，親密で愛情のある関心を引き出しました。もちろん，この日課が，時計で測ったように毎晩円滑に進んだわけではありません。サラは気ままでした。両親は彼女のいろんな面に対処しなければなりませんでした。サラは優しくて，無邪気で，感じの良いときもありましたが，短気で，怒りっぽく，扱いにくいときもありました。しかし，この背景には，彼女自身が素朴に享受し，両親が苦労しながらも提供している安定した晩があったのでした。

安定性と変化

　2歳児は，心の中であらゆる矛盾と衝動に翻弄されているので，安定を親に提供してもらうことが必要です。家族が不安定な期間を過ごしている時には，よちよち歩きの子どもへの影響は顕著なものです。発達途上の幼児にとっては，とかく物事は素早く変化しています。そして彼らは，家族の変化にしばしば非常に強く反応します。ときとして，今何が起こっているのかを認識するのが難しいことがあります。

　親が，自分の幼い子どもが広い意味での家族の出来事に影響されているとは認識しないで，子どものことを心配するのはよく見られることです。それには，2歳児自身，何が問題になっているのか知らないということも大きい

のです。医者や保健師や専門家は，子どもが突然食べものを拒絶したり，夜中に目を覚ますようになったり，不安げで憐れな様子でしがみつくようになったりすることで不安になっている親たちには馴染みがあります。専門家の経験から，そのときに家族の生活で進行中の事柄を尋ねると，大きな変動が身近にあることがわかるといった事例がとても多いのです。それには，引越しや，新しい赤ちゃんの誕生，離婚，死別があったりします。そして2歳児は，そういった出来事があると，漠然とした混乱の感覚と不安定な雰囲気に対して反応して，行動を起こしているのです。たいていの場合，親が混乱の理由を見つけてくれることで，2歳児は安堵します。忘れてはならないことは，2歳児には，何が起こっているのかを熟考したり，理解したりすることがまだ十分にできないのだ，ということです。彼らはただ反応するので精一杯なのです。

第2章
自分の面倒をみることを学ぶ

　2歳児は，自分の面倒をみることをまだ学び始めたばかりです。しかし，そのプロセスにはすでに歴史があります。親の心に大きく立ち現れてくる心配のうちのいくつかは，誕生以来存在している原初的なニーズと結びついたものです。つまり，新生児は，食べたり，寝たりしなければなりませんし，清潔にされ，入浴や着替えをさせてもらわなければなりません。これらのニーズは，一生を通じて何らかの形で満足させられなければならないものであり，そのどれもが，2歳児が自分自身のニーズに対処する仕方を少しずつ学んでいくやり方につながっています。

食　事

　新生児に食事を与えることについては，大人が主要な役割を担っています。しかし，2歳になるころには，パンを自分で取り，コップから自分で飲み，スプーンを振り回すまでに発達します。よちよち歩きの幼児にとって，そして親にとって，このことは何を意味しているのでしょうか？
　食事は非常に重要です。私たちが生きていくためには，食べなければなりません。食欲旺盛な幼児や赤ちゃんほど，母親を喜ばせ楽観的な気持ちにさせるものはありません。生きることに旺盛な意欲を示す子どもであれば，与えられたものを喜んで食べるので，お母さんは，自分はよくやっていると安心するのです。心配する必要などないのです。さらに大切なことは，食べる

ことは食べ物を取り入れることであり，それは，そのほかの事柄も取り入れていく一種の原型となる，ということです．たとえば，私たちは，情報に飢えているとか，知識を渇望しているといった表現をします．食事を与えられている赤ちゃんは，ミルク以上のものを取り入れていることに，私たちは気づきます．つまり，赤ちゃんは，ミルクだけでなく，関心や愛情を取り入れていますし，食べ物を与えてくれる人についてなにがしかを取り入れているのです．最終的に，赤ちゃんは自分で食べるためにスプーンを握るのですが，それまでには，食事を与えてくれる人という考えを吸収しており，今や自分自身に食べ物を与える立場にいるのです．

　この年齢までに，心と体は，ほんの少しですが，それぞれ別のものとして弁別されてきます．そして，2歳児の食べ物に対する態度に複雑さが明確に表れてきます．乳児期から早期幼児期にかけて，食欲が減多に衰えない子どもと難なく過ごせてきたとしたら，その親はとても幸運です．子どもの食欲は，しばしば不安や困難を引き起こす領域です．私たちはみな，自分の子どもがとてもおいしそうに食事をたいらげて欲しいと思いますが，多くの子どもはそうしない時期があります．子どもたちが機嫌を損ねてしまうことがあるのも確かです．そのようなときには，手間をかけて作った，生きるためにも必要な，おいしい食べ物が，食欲をそそるどころか，不快を生じさせるもののようになってしまうようです．

　母親は，食べものを拒絶する小さい子どもから，とりわけ影響を受けやすいものです．おそらくよく食べる子どもを育ててきた母親は，毒を盛られたかのように振る舞う幼児にも明るく冷静でいられます．しかし多くの母親は傷つき，子どもは自分を信じてもいないし，好きでもないんだわ，と感じるのです．同時に，子どもが飢え死にしてしまうのではないか，と不安にもなります．その後に怒りも感じます．どれも持ちたくない感情です．

　単に一回食事することさえも戦場のような感情的な争いの場へと変わってしまうことがあると，2歳児がいかに多大な要求を養育者に課しているのかがわかります．2歳児は，親に彼らの感情をしっかりと受け止めてもらう必要を感じます．しかしもう一方で，親になんとしても大人としての分別を持

ち続けてもらう必要も感じているのです。食の領域は，深い原始的な情緒を刺激するので，私たちは分別のある大人の部分や，食事の1回やそこらを抜いただけで飢え死にするわけでもないし，栄養不良にさえなるわけでもないと知っている部分を，なんとしても保持しなければならないのです。それに子どもたちの好き嫌いは気まぐれなものです。ブロッコリーはある子どもには毒に感じられるけれども，別の子どもには大好物だったりするのです。

　ケイトは，2歳の息子のサムと，新しい友人ノラの家で昼ごはんを食べることになりました。ノラには幼い息子が3人いました。ケイトは内心少し怯えていました。ノラの子どもたちは絶対になんでも食べることができると思い込んでいて，その一方で，サムには控えめに言っても，好き嫌いがあって食べられるものが限られていることがよく分かっていたからです。一体，ノラはサムがなにを食べると思っているのだろう？　彼は，トマトや豆，青豆，キャベツには手をつけないだろうし。サムが食べられないものをリストに挙げればキリがありません。でも嬉しいことに，ノラは偶然サムの口に合うような献立を作ってくれて，ケイトに言いました。「こんなふうにブロッコリーを食べられるなんて，一体どうやったの？　驚きだわ！」と。

　幼い子どもには，何か自分なりに思い描くことがあって，それが行動に色濃く影響していることがありますが，ときに，彼らの想像がどのようなものなのか私たち親がわかることがあります。その1年ほど後，サムが3歳になる頃のことです。彼にはまだ好き嫌いがありましたし，食欲旺盛とはとても言えませんでした。そんなとき，彼の祖母は，昼食にソーセージを出してくれました。祖母はソーセージをひと口切り，サムに差し出しました。サムはソーセージを疑わしそうに見て，「ソーセージは食べられたいと思っている？」と質問しました。ケイトは振り返って考えてみて，このときにサムの質問に応じたのが祖母でよかった，と思いました。祖母は，「もちろんよ。ソーセージは食べるためにあるんだから」と確信を持って答え，さらに勧めました。ケイトは，自分だったらサムの疑惑が気になって，彼の敏感さに同調してしまい，かなりあいまいに答えただろう，と考えました。サムが食べ

物を見るとき、何か気がかりなようであり、怯えているとさえ思える様子でいることが、ときどきあったのです。

　これは、小さな子どもが大人とは違った世界に住んでいることに関係があります。たとえば、大人なら当たり前のように、生き物と生命を持たない物とはまったく違う、と思っています。ソーセージが、人間のような感情や考えや願望を持っていないというのは当然のことです。2歳児には、このことがわかっていません。そして（食べることだけでなく）すべての活動は、大人とは異なる世界の中で行われるのです。時折私たちは、彼らに物事がどのように見えているのかを垣間見ることがあります。それによって、私たちは彼らの世界に共感し続けことができるのです。

睡　眠

　親の忍耐強さが試される別の領域が、睡眠です。食べてくれないのと同じように、寝てくれないことは、親に複雑な情緒的反応、とりわけ不安と怒りを引き起こし、親を悩ませます。

　睡眠の問題は、さまざまな形をとって表れます。寝るときにベッドに行こうとはせず、ソファーで寝たがり、眠りに就いてからベッドへ運んで欲しいと言う子どもがいます。あるいは、寝るまで一緒にいて欲しい、と親に訴える子どももいます。2分毎に親を呼び戻す子どももいます。くりかえしベッドを抜け出しては親のところに来る子どももいます。夜2時間ごとに目を覚ます子どももいます。ほかにも、似たようなものが非常に多くあることでしょう。これらの睡眠に関するさまざまな問題には、何が共通しているのでしょうか？　おそらく、すべての背景には、子どもの分離をめぐる問題があるでしょう。もっと正確に言えば、自分が、お父さんやお母さんとは切り離された別個の存在であると子どもがはっきりとわかるようになることをめぐる問題です。

　もし一人でベビーベッドに横たわって、眠りがやってくるのを待っているとしたら、一人ぼっちと感じ、孤独でさみしいとさえ感じてしまう危険が生

じます。これは私たちが自立した存在になるために支払う代価の一つなのであり，私たちは一人でいられる能力を発達させねばならないのです。さもなければ，夜に目覚めたなら，一人ぼっちに感じるだけでなく，お父さんやお母さんはどこにいるのかと考えてしまうかもしれません。お父さんやお母さんはどこに行っちゃったんだろう？　きっとお父さんとお母さんは一緒に何かをしていて，私を置いていってしまったのではないか？　おそらく子どもたちはみんな夜に目を覚まします。両親が下の部屋か，隣の部屋にいるんだと感じて全く安全で幸せに感じるときもありますが，それとは違って，目を覚まして孤独と驚きを感じ，恐怖や想像に苦しみ，一人ではそれを処理できないときもあるのです[訳注1]。

　通常，こういうこと（いうならば悪夢で目を覚ますこと）は，ごく稀でたまにしかないことです。しかし，中には，より穏やかな孤独感や不安感にさえ，耐えられるようになるのが難しい子どもたちがいます。もちろん，一人寝をすることがまったくなければ，孤独感に慣れることも，それを扱う練習も決してできません。

　フランセスという幼い女の子は，いつも親と一緒に寝ていました。両親は，彼女が自分のベッドで眠れるようにといろいろ努力しましたが，フランセスは抵抗しました。彼女が2歳になるころには，親は自分たちの時間や空間，プライバシーが持てないことにいいかげんうんざりしていました。しかし，両親がフランセスに，彼女の部屋（そこは可愛い家具がおかれて歓迎するような雰囲気でした）を，彼女が寝るための場所にしてあげようと言うと，彼女はパニック状態に陥ったようになるため，いつも両親が譲歩するのでした。しかし，両親は，これが特別に努力しなくても自然と簡単に解決する状況ではなくて，よく考えて話し合う必要のある問題だと徐々にわかり始めました。

　両親はそれについて真剣に話し合い始めたとき，二つのことに気づきました。一つは，一人の分離した存在である機会が奪われているのは，自分たち

訳注1）英国の白人家庭では，通常，0歳児の段階から両親と離れて別室で寝る。わが国では，これはむしろまれであり，学童期に入っても両親と一緒に寝ている場合も多いようである。

だけではないということです．フランセスも，彼女だけの空間をもっていませんでした．つまり彼女も，ある意味，同じように分離した存在である機会を奪われているのです．二つ目に，彼らはフランセスが夜に別れて寝ることが難しいことと，昼間でもさよならを言うのが難しいこととは関連がある，と考え始めました．彼らは，フランセスはかなりの暴君になって来ているという結論に徐々に達しました．それは彼女にとってよいことであるはずがありましょうか？

　両親がフランセスに対して一致した態度を示し，自分のベッドで寝るように説明した時，フランセスはとても不機嫌になりました．しかし，その時が来たとの確信を両親が共有していることが，フランセスに伝わったのは確かでした．自分たち大人二人は，フランセスの機嫌を損ねるのではないかと考えて，それに怯えていること，そして彼女に腹を立ててしまうかも知れないことを心配していたのだ，ということが両親にはわかり始めていました．

　2歳児は，私たちの心の中にある激しい怒りの感情に火をつけることがあります．フランセスの両親は，イライラや無力感に耐えられるように互いに助け合い，毅然としていられました．このケースの場合，フランセスが一人で寝るときが来ていることを受け入れるのに，わずかな時間がかかっただけでした．彼女は今や少しお姉さんになり，彼女の居場所は，お父さんとお母さんのベッドではなくなったのでした．

　睡眠の問題に関しては，子どもに原因があるというよりも，親の方に原因があるときもあります．ある二人の人が，睡眠の問題がある子どもたちに関するテレビ番組を観ていました．その番組では，母親と父親，ピーターという小さな男の子からなる家族が登場していました．その家族は，ピーターが自分のベッドに行って寝ることを繰り返し拒絶するのに対して，ある心理士の立てた計画を実行していました．母親は，ピーターが目を覚ますたびに部屋へ連れ戻し，彼の部屋の外にいて，かならずピーターをベッドに戻らせるように指導されていました．カメラは，その家族とその経過を追っていました．その様子はとても痛々しく，長い経過となりましたが，最後にはピーターは自分の部屋で眠って過ごすようになりました．番組を見ていた一人が，

もう一人のほうを向いて言いました。「この両親は，自分たちだけの時間を得た今，どれだけうまくいっているんだろうね」。そのすぐ後に，字幕が入り，そこに音声がかぶさりました。「悲しいことに，この番組の完成後，サンドラとジミーの結婚は破綻し，彼らは別れました」。明らかに，そこで番組を見ていた人の予感は正しかったのです。ピーターの存在，そして親とピーターとのこれまでの大喧嘩は，ひとたび，ピーターが葛藤の焦点とならなくなると浮かび上がってくる，両親間の不和の代わりだったのです。

トイレット・トレーニング

　トイレット・トレーニングもまた，昔から心配と葛藤が生じる領域です。「すばらしい紙おむつがあるこの時代に，どうしてトイレット・トレーニングで悩んでいるの？　子どもはそのときが来たら，必ず自分でできるようになるわよ」という声をときどき聞くことがあります。けれども，「自分でできるようになる」子どももいるかもしれませんが，決して誰もがそうというわけではないでしょう。トイレット・トレーニングにまつわる問題はすべて，過去にむやみに早い時期からそれを始めたり，懲罰的に強要しようとしたことから生じている，と考えてみたい誘惑に駆られます。残念ながら，そうではないことははっきりしています。子どもがおまるを使うようにしつけるのは，そんなに単純で自動的なものではありません。

　そのことについて疑いはありませんが，中には他の子どもよりもかなり早くトイレでの排泄を身につける子どもたちがいます。トーマスは2歳になったばかりでした。彼は末っ子でした。彼の父親は，妻に言いました。「トーマスにトイレのしつけを始めてはどうかな？」トーマスの母親は，家事や仕事で手一杯だったので，大声で怒鳴りました。「そんなに重要だと思うなら，あなたがしたらいいじゃない。」父親は反発して「わかった，それなら私がしよう」と言いました。父親は厳かにトーマスに言いました。「もうオムツをはかないことにしよう。そして，ウンチやオシッコはおまるでするか，お兄ちゃんたちのようにトイレに行くかしよう。この週末には，お父さんがち

ゃんとできているか見るから。」トーマスは，よく喋る子というわけではありませんでしたが，神妙にそれを聞き，分かったという顔をしました。そんなことはうまくいくはずがない，と思う人もいることでしょう。けれども，うまくいったのです。母親がとても驚き，また面白がったことに，トーマスは，たやすくトイレの習慣を身につけ，その週末のあとも子守と一緒にやり遂げました。そして，非常に短い期間で，夜もオムツを濡らさなくなり，オムツをはずすことができるまでになりました。

　もちろん，彼らは幸運だったと言えるでしょう。物静かなトーマスではありましたが，強い向上心を持っていたことが明らかになりました。母親は，最初父親に対していらだちを感じましたが，実際には父親との関係は良好で愛情がありました。父親のアプローチは常軌を逸していたかのように見えましたが，毅然としているだけでなく，とても優しくもありました。

　しかしながら，多くの人が，トイレット・トレーニングを巡ってうまくいかないと感じます。それは葛藤が生み出されるような状況なのです。幼い子どもは生後18カ月頃から，親が大切に取っておいているものと捨てるもの，すなわちゴミとを分別するという考えに興味を持ちます。問題なのは，親が2歳ごろから子どもにトイレット・トレーニングを始めるときに，二つの特有の困難が生じてくることです。一つ目の困難は，ウンチもオシッコも特別で貴重なもので，捨ててしまいたくないという強情な思いです。これは，赤ちゃん的な識別力のない状態をいつまで維持しようとしているのです。赤ちゃんには，ウンチについて，汚いという感覚や，望ましくないものだという感覚がありません。一方で幼児は，確実に識別力を身につけつつありますが，イヤイヤながら身につけてきているというところもあります。二つ目の問題は，そのイヤイヤがまさに2歳児の特徴であるということです。2歳児は，力を誇示することも，拒絶することも，同意しないこともできることに，ちょうど気づき始めます。彼らがそうしたくなければ，そうしないのです。

　そこで，あらゆることが戦いとなります。親は，ときどきショックを受けながらも，子どもに何かをさせることが簡単にはできなくなった，と気づきます。子どもに，食べたり，寝たり，おまるでオシッコをするように強制で

きる力は，非常に限定されてきます。強要することをためらうときには，特に強制力は弱まります。一方で，子どもには親を喜ばせたいという願望があり，お利口で聞き分けのよい子であることで，お父さんやお母さんを喜ばせてきた感覚からくる愛らしい存在でありたいという願望があることは，私たちが自分自身の子どもの部分を振り返ってみればわかるでしょう。それに加えて，子どもには，発達していこうとする気持ち，成長し発達していくことへの興味，新しいことをしたいという願望，称賛すべき野心を満足させたい気持ちがあります。その反対に，子どもは「したくない」「絶対にしない」といった全く否定的な感情も有しています。「イヤ」という巨大な拒絶の感情は，2歳児を呑み込んでしまうのです。そしてそれは私たち自身の中にいる2歳児の部分も同じでしょう。トイレット・トレーニングそのものにさまざまな不安を持つこともあります。子どもは，食べ物についていろいろな空想を持ち，暗闇についてもさまざまなイメージを持ちます。それと同じように，子どもは身体の中にある物に，あらゆる種類の想像上の意味を込めることができますし，しばしば実際にそれをします。なかには，ウンチを排泄物だと全く思っていない子どももいます。ウンチは自分の身体の別の部分とどう違うの？　本当にウンチを外に押し出さなければいけないの？　さらには，危険なトイレにウンチを流さなければいけないの？　という具合です。子どもが，まるでウンチは素晴らしいものであり，魔力すら持っているという考えを諦めるのはほんとうに不本意であるとでもいうように，ウンチに似たもの（たとえば，泥団子，泥，どろどろの絵の具）で好んで遊ぶ様子に注意を向けてみる価値はあります。

これらの問題をまとめてみると

　これらの問題（食事，睡眠，トイレット・トレーニング）に共通しているのは，どのようなことでしょう？　それらはすべて，2歳児の生活の中で，不安が潜んでいる領域です。おそらく，これらの領域すべてが，この年齢の発達における核心に関連しているため，不安の潜在する領域となっているの

です。2歳は，自立に向かい自己の感覚を育んでいくために，分離と喪失という決定的な事実に直面しなければならない年齢です。自分で食べることができ，一人で暗闇の中にも行き，自分自身で排泄することを引き受けることができること。これらはすべて，成長における勘所です。依存的な赤ちゃんの生活に別れを告げなければなりません。つまり，食べ物を食べさせてもらい，揺すられながら眠りに就き，オムツを交換してもらえる生活に別れを告げなければならないのです。そして，就学前の幼児の生活を始めなければなりません。それは，より大きな子どもの世界に近づいていくということです。

　2歳児は，これらの事柄を考えることはできませんが，大きな変化の時にいると感じることはできます。変化はいつも騒乱をもたらします。2歳になるということは，よちよち歩きの幼児が，心の中で赤ちゃん時代と幼児期を行ったり来たりする，混乱した段階に入るということなのです。

　親は，「恐ろしい2歳」呼ばれる子どもにどんなサポートをしたらよいか，いつでも確信が持てるわけではありません。すべての2歳児がどうにもこうにも恐ろしいというわけではありませんが，そう呼ばれる理由の一つは，おそらく，子どもが難しい時期にいるのだという私たちの本能的な理解から来るのでしょう。私たち親は，子どもたちにより大人らしい見通しを提供してあげることができます。つまり，私たちが精神的にバランスがとれ健康であれば，こういった2歳児の問題はみな一時的なものであり，子どもというのは成長が早いものなのだ，と考えることができるのです。このように考え，分別を持って自分自身の経験を思い出すことを元にして，私たちは，物事を魔法のように解決することはできないけれども，子どもが不機嫌なときにも良好な関係を保つことはできます。あるいは，「自力で食べたい」とか「自分の足で立つことができるようになりたい」とまさに思っている子どもを，辛抱強くサポートしてあげることはできます。だからといって，2歳児であることと，2歳児を世話することとはどちらも大変な仕事であることに変わりはありません。私たちが2歳児にこのように密に関わるということは，彼らの気持ちに共感し，一緒になってその気持ちを感じてあげることを意味しますが，時として，子どもへの共感とは少し距離を置いたところで大人とし

てしっかりと考えようと努めなければならない場合もあるのです。

　トレーシーには二人の娘がいました。上の子は難なく離乳できました。その子の方は，結局のところ生後14カ月で特に促すこともなく離乳しました。しかし，下の子のジェシカは違いました。2歳になってもまだ哺乳瓶でミルクをほしがりました。ジェシカがコップを求めていないのに，トレーシーがコップを与えようとすると，ジェシカはわめき声をあげ，飲み物を拒絶し，走り去ってソファーに頭を埋め，お尻を突き上げ，足をばたつかせました。トレーシーと夫のマークは，ジェシカのこうした恐喝に屈服させられていることについて，どんどん不愉快に感じ始めました。ジェシカの行為は暗に，哺乳瓶がなければ，二度と飲み物は飲まないし，世界は終わってしまうだろう，と脅しているように感じたのです。トレーシーは，ジェシカの3歳の誕生日が近づいて来ていたので，しばらく辛抱しようと決心しました。誕生日までは2週間近くあり，その間にジェシカは，しばしばコップから飲みました。その量はトレーシーが望んでいるほどではありませんでしたが，トレーシーは，辛抱しようと心の中で決心していました（時々は心配しましたけれども）。彼女はどうにか穏やかでいるようにし，ジェシカに「コップから上手に飲めたね」と言うようにしました。そしてとうとう，誰もがホッとしたことに，ジェシカは最終的に哺乳瓶に頼らない生活というものを理解したようでした。それはジェシカ自身の気持ちにおいても明らかに前進でした。おそらく，ジェシカにとって，毅然としているけれども，不親切なわけではないお母さん，という考えを取り入れる機会となったのでしょう。そして，この考えは，ジェシカ自身の性格の一部となり，内在化された関係性の感覚の一部になったことでしょう。

第3章
さまざまな関係性

　この章は，2歳児が生活の中で出会うさまざまな人との関係の重要性についてみていきます。

母親と父親

　子どもなら誰でも，両親は生涯で最も大切な人だという感覚があります。そこで，2つの問いが同時に立ち上がります。それは「私を生んだのは誰？」そして「私を育てたのは誰？」というものです。2歳は，これらの問いを心に抱き始める時期です。そしてこれらの問いは，自分はどんな人間であるかという感覚，つまりアイデンティティを形成する基盤となるものです。私たちの遺伝形質は，何らかの形で一緒になり子どもをつくった二人の人間に依拠しています。妊娠，出産の時から私たちが受ける影響は，私たちを育ててくれる人々と直接関係しています。そして，その人々が私たちの依存的な自己への責任を引き受ける中で影響を及ぼしてきます。

　中には，祖父母や未婚の叔母たち，里親，年長のきょうだいといった，親でない人たちによって，育てられる子どもたちもいます。しかし，誰にとっても生物学的な親の問題は中心的なものであり続けます。私たちは，自分の親という**観念**を心の中に持っています。その観念は，記憶や想像や夢の世界の中に，意識的思考や無意識的思考の世界の中に，心の背後や正面あるいは外側や内側にあります。自分の親という観念は，格別に影響があるもので

す。たとえば，もし父親を知らなかったとすれば，父親の観念を，男性，女性に限らずいろいろな人との関係や，人生，映画，演劇，テレビ，本などのあらゆる経験からつくり上げていきます。同じく，もし生物学的母親ではなくほかの誰かが育ててくれたとしたら，母親の観念を，その育ててくれた人や，あらゆる多様で複雑な人間関係や経験からつくり上げるでしょう。
また，私たちを生みだすのに不可欠である，父親と母親とのつながりというものに関する観念も同様につくり上げます。

　両親と暮らしている2歳児を観察していると，お父さんとお母さんが大切な存在であるということを理解するのはおそらく何よりも簡単なことで，将来「誰が自分を生んだの？」「自分を育ててくれたのは誰？」という問いが浮かんでも，迷わず答えることができるでしょう。しかしながら，どんな2歳児も，父親と母親の観念をつくり上げる過程にあることがみてとれるのです。両親ともに大切であるという観念に思いを巡らせることが苦痛である人もいますが，父親のいない子どもなどいない，という真実を私たちは認識しておかなくてはなりません。

お母さんとお父さん

　2歳児がきわめてはっきりと愛着をよせるのは，やはり母親です。少しでも恐れや心配を感じたならば，即座に走って戻るのがお母さんのところです。もし，そこにお母さんがいなければ，そこにいるお母さん的存在の人のところか，お母さんを一番よく思い出させてくれる人，あるいは，その子どもが抱くお母さんの観念と一致する人のところへ走っていきます。お母さんは，強力な愛着対象であり，幼児が頼りにし，あこがれ，何よりも愛しているものです。しかし，ちょっと待ってください！　そこに複雑な問題があります。幼児が頼りにして憧れ，愛する人は他にもいます。それはお父さんです。もし，お父さんとお母さん両方を一度に愛することができれば，それは素晴らしいことですが，どちらか一方を選ぶとなればどうなるでしょうか？　また，一度に二人の別々の人に愛着を示そうとすれば，どうなるでしょうか？　こ

第3章　さまざまな関係性　41

の，一方を立てれば他方が立たない問題に対してどう対処すればよいのでしょうか？

　いずれにせよ，これは避けては通れない問題です。幼児は，お母さん以外の人の魅力に気づくようになるだけでなく，お母さん自身が他の誰かのために時間を費やしていることに気づくようになるからです。ここに情緒的な問題の核心[訳注1]，つまり情緒的発達が妨げられずに続くかぎりにおいて，悩み乗りこえていかなければならない状況があるわけです。幼い男の子や女の子の中には，お母さんとの関係を独占しているという思いに固執している子どももいます。ここにちょうど2つの例があるので，最後にその話しをしましょう。クロエはある時期，彼女のおじさんが，おじさんの妹であるクロエのお母さんに話しかけることさえ許しませんでした。「あっちへ行って！」クロエは，お母さんにしがみつきながら「お話しないで！」と叫ぶのでした。

　もちろん，お父さんがその魅力を発揮する場合もあるでしょう。お母さんにくっついて離れないある男の子が，ある時は，お母さんのベッドに入って抱っこをせがみ，お父さんをベッドから追い出してしまうくせに，お父さんを深く敬愛し，車を運転したり，コンピュータを使ったり，お父さんがやりそうなことは何でもやってみたいと思うことだってあります。そこには，解決するのにある程度時間を要する葛藤があります。どのようにして一度に二人の人を愛せるのでしょうか？

　あるいは，自分が閉め出されたまま，両親がお互いに関係をもつことを，どのようにすれば許容することができるでしょうか？　これに関して，第2章で述べたフランセスという女の子のことが思い出されます。その女の子は，両親が一緒にいると，一人ではいられない子どもでした。しかし子どもは，両親が別々にいようとも一緒にいようとも，それは両親の自由であることを認めなくてはなりません。2歳児にとって，これは難しいことです。母親があなたを連れずに，どこかへ行ってしまうと想像することが難しいので

訳注1) 精神分析でエディプス・コンプレックスと呼ばれる葛藤を指す。以下に記述されているように，子どもが母親を独占し，父親を排除しようとする気持ちを持つと同時に，父親も愛するという状況に伴う葛藤を指す。

す。さらに悪いことに，ひょっとすると母親はあなたがいない状況を好んだり，あるいはあなた以外の人やものを好きだと思うことだってあるかもしれません。このことをあきらめて受け入れるには何年もかかります。そして2歳はまだ，それが始まったばかりなのです。私たちは言葉や行動で，君ははまだ世界の中心にいるんだよ，と安心させるため，子どもを控えめに失望させることを本能的に好みます。ただ，徐々にではありますが，現実はしのび寄ってきます。つまり，お父さんの生活には別の女性がいて，それはお母さんだということ。お母さんは，誰か他の仲間を，切に求めていて，それがお父さんだということ。こういったことは現実なのです。たとえ近くに，もう一人の親がいなくても，ライバルは現れることでしょう。それを避けて通る道はないのです。

新しい赤ちゃん

こうして私たちは，新しく生まれる赤ちゃんという問題に直面することになります。新しい赤ちゃんの存在は，子どもにとって，何かが自分の背後で進行しているという，ある意味，確かな証拠なのです。2歳の子どもが，どうやって赤ちゃんが宿るのかを意識的に知っている，と言うつもりはありません。しかし，彼らは，赤ちゃんという小さなライバルが何かの拍子にたまたま生みだされた，とも思わないでしょう。

2人目の赤ちゃんが，1人目の子どもが2歳の頃にできるのはよくあることです。それが効率的なのは，上の子どもが，もはや赤ちゃんではないけれど，二人で仲よく遊ぶにはちょうどよいくらいに年が近いということです。そうには違いありませんが，二人が本当に仲のよい友達や遊び仲間になるまでには，長い道のりがあるものです。

男の子も女の子も，妊娠にたいへん興味を持ちます。2歳半のサイモンは，自分のお腹を思いきり突き出しているようすが見られました。「何をしているの？」と尋ねると，「お腹の中に赤ちゃんがいるんだ」と彼は答えました。サイモンが何回かそのように話しているのを聞いて，お母さんは「あなたは

男の子だから，大きくなったらお父さんになるのよ，そしてお父さんは赤ちゃんを生まないのよ」と優しく言いました。サイモンは激昂して，「僕にも赤ちゃんはできる，お母さんになるんだ」と猛然と主張しました。彼の信念はとても固く，そのためお母さんは当分の間そのままにしておいた方がよいと考えました。サイモンは，お腹の中に赤ちゃんを育むことのできるお母さんのすばらしい能力が羨ましくもあり嫉ましくもあり，自分にはできないという考えに耐えられませんでした。デイジーは，女の子なので，妊娠が可能です。しかし，そのことによって彼女はすっかり不機嫌で気難しくなったようです。自分のお腹の中には赤ちゃんがいるのだとあからさまに主張するわけではありませんが，お母さんに言われたことをしようとしないのです。また，テーブルについたり，長靴を履いたり，ブランコから降りることを拒みました。その様子は，まるでお母さんの優れた能力に腹を立てているかのようであり，お母さんの母親としての力を絶えず妨害しているかのようでした。それは，とてもうんざりすることでした。お母さんはイライラさせられ，追い詰められました。一方で，デイジーは，ときどき泣き崩れてしまうことがありました。その様子は，わからず屋であることを悔いているようでもあり，母親を怒らせてしまい怯えているようでもありました。

　どちらのケースも，父親が身近にいることが功を奏しました。サイモンの父親はサイモンに以前よりも注意を払ってあげることで，知らず知らずに，サイモンに，お父さんもまたとても重要な興味深い存在であると感じさせました。大人になってお父さんになるのも悪くないな，と感じるようになったのです。デイジーの父親は，デイジーを外に連れ出したり，少し余分に注意を払いながら，お母さんに念願の休息を与えました。デイジーは，お母さんはよいものをひとり占めしているわけではないのだと感じ，少し気分が休まり始めました。小さな女の子でいることが，そんなに悪いことではないと感じ始めたのです。

　新しい赤ちゃんが生まれたとき，サイモンとデイジーは二人とも，さまざまな感情が入り混じった反応を示しました。それには十分注意を払う必要があります。赤ちゃんの誕生は，年長の子どもに2つの相反する感情を引き

起こすことを認識することはとても大切です。一つ目は，肯定的な感情です。弟か妹ができることは実にすてきなことです。たいへん幼い子どもでさえ，小さな新生児を見ると誇らしく思い，やさしくしてあげようと感じます。これらの感情は，誇らしげで愛情あふれる両親に同一化することによって支えられています。また，愛されて望まれている赤ちゃんであるということに同一化することによっても支えられるのです。それは，大事にされている乳児であることの記憶をその子どもが実際に持っているということです。二つ目は，扱うのが難しい感情です。年長の子どもは，赤ちゃんが自分に取って替わり，自分がはじき出されてしまうのだという気持ちを拭い去ることができません。親の中にも，自分が子どもの時どのように感じたのかを思い出すことができる人がいます。ある父親は「僕がいるのに，両親はなぜ，赤ちゃんを産み続けるのか理解できなかった」と言いました。みんなの関心は，その新しい赤ちゃんへと注がれてしまうときがありますが，実際，度が超えない限りはそうあるべきものなのです。よくないのは，どちらか一方の子どもを無視して，他方の犠牲にすることなのです。

　2歳児にとって難しいことは，自分自身が赤ちゃんとそれほど変わらないのに，これら相反する感情と格闘することです。彼らには，多くの手助けと温もりが必要なのです。両親が，幼児の入り混じった感情を無視するのは，手助けにはなりません。時々，傍目からは，まったくべつの感情がある様子がはっきりとみてとれるのに，幼児が新しい赤ちゃんをとてもかわいがっていると聞くことがあります。ベンの母親は，ベンは赤ちゃんに本当にやさしいの，と訪問客に話しました。しかし，お母さんが部屋を離れるやいなや，ベンは横目で客を見て，妹のルビーを突き落とそうという明らかな意図をもってソファーの方へ移動しました。客が慌てて前にはだかると，ベンは退きました。そこへ，微笑みながら母親が戻って来て，もう一度ベンのよいところをほめました。この状況にはどんな問題があるでしょうか？　ベンは，ルビーをこっそりと攻撃しなければならないと感じています。それは，ベンがルビーに嫉妬しているのを見たら，ベンの母親はそれに耐えられないのではないかと心配しているかのようです。それでも，彼は誰か大人の手助けを望ん

でいるようです。ベンは、はっきりと客を見て、彼がしたくてたまらないことに、その客の注意をひきつけています。うまく行けば、ベンの敵意が現れても、あまり驚かしたり恐がらせたりせずに、わかってもらえるかもしれません。それが、見えないところで行われ、ベンとルビーの関係を損なう危険があるとしたら、残念なことです。ルビーは、ベンから守られる必要があります。しかし、ベンも同様に、自分の扱いきれない敵対的な衝動から守られる必要があります。彼はまだ、それを一人で処理しきれないからです。

　嫉妬と敵意を無視することは、明らかにためになりません。しかし、その逆のことをするのも同じです。デイジーは、母親の妊娠中に気難しかった女の子ですが、新しく妹が誕生した後もなお気難しいままでした。彼女はミルクを床にこぼし、大声で叫んで赤ちゃんを起こした上に、後片付けのお手伝いすることを拒否しました。デイジーの母親は、打ちのめされました。デイジーが嫉妬深い子どもにしか見えなくなったのでした。母親は、デイジーの問題について、友人や家族としょっちゅう話し合いました。友人の一人は、デイジーが憐れな表情をしていることにたまたま気づき、デイジーがいい子に振る舞えるような機会がちゃんと与えられていないのではないかと思わずにはいられませんでした。デイジーのお母さんは、気持ちがふさいでいたこともあり、デイジーは妹のアニーとは絶対にうまくいかない、と確信していたようでした。ここでも、時間をかけて、デイジーを救い出したのは父親でした。父親は、デイジーがアニーの誕生に対して複雑な反応をしているのを見ていましたが、そこにデイジーの赤ちゃんに対するひそかな興味も含まれていることをはっきりと見てとりました。実際、妹を持つことに興味があったデイジーの一面が、時間とともに浮かび上がってきました。

　デイジーにとって信じがたく思えたのは、両親の心の中に、二人の小さな女の子のための場所があるということでした。このことは大人が考えるよりも、小さな子どもにとって厄介で難しい概念なのです。慕わしい両親にとって自分がすべてであるという考えを放棄することは、2歳児にとって不本意きわまりないことなのです。小さな子どもが、自分のいない時に、お父さんとお母さんが一緒にいるということを想像することは、本当に困難なことな

のです。つまり、お母さんはお父さんと子どもの両方を愛することができ、お父さんも同じようにできる、と考えることは、それだけでも難しいことなのです。しかし、お母さんとお父さんが二人の子どもをしっかりと世話できるということ、つまり、相対する要求を聞き入れうること、愛と憎しみの葛藤が処理されうること、2歳の自分もなお愛されていて、赤ちゃんもまたお父さんとお母さんの愛情を奪われないことを、2歳児が想像できるようになり、経験によって理解するようになると、両親に対する幼児の信頼感は一気に増し、それと軌を一にして幼児自身の視野も広がるのです。

きょうだいと友だち

　もちろん、2歳児のすべてに弟や妹がいるわけではありません。きょうだいのまん中の子もいれば、一番下の子もいるでしょう。きょうだい関係は、仲間との関係を築く方法の中核をなすものです。仲間とは、学校のクラスメート、仕事仲間、隣人、同僚、大人の友達のことです。人との友好関係を築く能力は、早期に根ざし、そしてじきに実際の友達関係に向かいます。頼りになり、協調的で、親しい関係といった観念は、最早期において、まず両親間の関係性や、私たち自身と両親との関係性から取り入れられます。両親間の激しい口論や、虐待が絶えない環境の中で育つ子どもたちは、確かに同年齢の人と仲よくやっていくのに苦労します。私たちは、妥協や交渉、一緒に働くこと、喧嘩をしたり仲直りしたりすること、考えることと許すことを、早期の経験から学びます。家族に二人以上の子どもがいると、これがどのように起こるのかを理解するのは容易です。では、一人っ子は、きょうだい関係についてどのように学ぶのでしょうか？　おそらく、兄弟姉妹というのは、母親と父親というものと同じように、実際の事実である場合もありますが、根本的には強力な「観念」なのだ、ということを心に留めておくことが大切です。親ではない人に育てられる子どもたちであっても、やはり母親と父親という観念を持ち、その観念は情緒発達に強い影響を及ぼします。同様に、一人っ子は、他の人との関わりの中で、兄弟姉妹という「観念」を発達

させます。それは，想像とファンタジーと経験の組み合わせから，作られます。よく言われるように，一人っ子は，同年齢の人たちとの親密で持続的な関係から生じるギブ・アンド・テイク，競争，喜び，問題を経験することが不可欠なのです。

　ネイサンは一人っ子で，彼の両親はこれ以上子どもをつくるつもりはありませんでした。両親はこのことに関して悔やんで，少し後ろめたく感じていました。ネイサンの母親は，近所に住んでいるある家族をできる限り活用しようと決意しました。具体的には，親同士が集まり，仲よくやっていくことでした。その家族には子どもが3人いました。ネイサンが2歳になった時，ネイサンと母親は，そこの子どもと母親に定期的に会って遊び始めました。はじめネイサンは当惑して，3人の子どもたちが歓迎してくれていたにもかかわらず，母親にしがみついていました。ネイサンの母親は内心不安になり，恥ずかしくも感じて，ネイサンのことを「なんて弱虫なんだろう！」と思いました。しかし，母親はそこで立ち止まって，ネイサンがこれまでに会った同年齢の子どもたちがとても少なかったことに思い至りました。年上の子はいましたが，年齢の近い子はいませんでした。ネイサンが緊張したとしても，それほどおかしいことではありませんでした。ネイサンの母親は，そこのお母さんとずいぶん仲良くなり，ネイサンのためだけでなく，自分自身のためにも互いの家を行き来することに価値を見いだしました。それもあって，彼女は頑張り通せました。それぞれの家族が，その交流から得るものがありました。3人の子どもたちはみんな，ネイサンが好きなり，ネイサンもみんなが好きになりました。母親が見たところ，しばらくして，もう保育園に行くようになってからも，ネイサンは，まだその3人の子どもたちを自分の特別な友だちと見なしているようでした。

　おそらく，この例はあまりに楽観的に聞こえることでしょう。兄弟姉妹が必ずしも仲良くやっていくわけでもないことはよく知られています。学齢期前の子どもたちと関わるとき，幼い子どもは，自分自身を十分にコントロールできないことを心に留めておくことが大切です。そのため，子どもは，大人による監督や保護，それに熟慮を必要とします。私たちはみんな，自分自

身のどこかにいじめっ子の部分を持っていて，特に幼い時にはそうした部分が活性化するかもしれません。それを考えると，2歳児も，年上の子どもから保護されることが必要なときがあります。赤ちゃんのルビーが，彼女をソファーから押しやり，生まれる前に戻そうとする兄のベンの制御不能な衝動から守られる必要があったように，です。大人が責任を引き受けることを怠れば，いじめっ子にもその犠牲者にもよいことはないのです。

　ネイサンの友だちを探し求める中で，彼の両親は，友人たちにネイサンと同年代の子どもがいるのが分かり，そのため家族ぐるみのつきあいができる可能性があると考えて喜びました。そのような家族の子どもに，ダニーという4歳くらいの男の子がいました。ネイサンの両親は，ネイサンが少し年上の男の子と遊ぶことはよいことだと考えました。しかし，これには問題があることが徐々に明らかになりました。そのころ，ダニーの両親の関係が大荒れとなっていました。そして，ネイサンの両親には，それがダニーに影響を及ぼしていることが分かりました。ネイサンに対するダニーのふるまいを見たとき，ネイサンの両親は不安になりました。ダニーは，乱暴者のように振る舞うようになったのです。（彼の母親によれば）ダニーは，大きい男の子がする短髪にして，大人のブーツをはくと言ってゆずらなかったのです。そして，ネイサンにあれこれ指図して，ネイサンが期待に応えないと，どなったり突いたりしながら，走りまわりました。ネイサンは，これをこわがっていました。数カ月が過ぎ，こういった様子が治まる兆候がないのを見て，ネイサンの両親はますます心配になりました。ダニーの両親は，小言を言って，叱責します。しかし，結局そうしても，ダニーは人に見えないところで同じことをするだけのように見えました。ダニーがネイサンと庭に出て行くと，ネイサンは泣きながら戻って来るのでした。

　いろいろと考えた挙句，ネイサンの両親はこれを続けさせることはできないと決意しました。おそらく，ダニーの両親と徹底的に話し合うほうがよかったのでしょうが，それは無理なように感じられました。唯一の解決策は，ダニーとネイサンが二人きりにならないようにする方法を捜し出すことでした。ネイサンの両親は，ネイサンのニーズを第一に考えなければならないと

確信したものの，ダニーが困っていることも見てとることができました。しかし，ダニーの悩みは繊細なネイサンをいじめることをいくら実践してもどうにかなることではありません。ネイサンの傷つきやすさは，ダニーに自分自身の傷つきやすい面を思い起こさせたと考えることができるかもしれません。ダニーは，両親が揉めると，うろたえてパニックになり傷ついてしまうといった面があったのです。ネイサンを攻撃しながら，ダニーは自分自身の傷つきやすさを押さえ込もうとしていたのです。

しかし，もちろんネイサンはまだほんの子どもですから，現実に苦しんでいました。ダニーとつきあうのは，彼にとってよくないことでした。友情と協力に対する信念は損なわれ，犠牲者の立場におかれることで救いのない感情を味わいました。犠牲者にならないために，ネイサンがとれる選択肢は，ダニーとつるむことでした。ネイサンが，ダニーを模倣し，一緒に走りまわり，熱心に殺しについて話している場面をネイサンの両親が見た時，彼らはもうここまでだと決意しました。

いじめっ子は，自分自身も困っているということを，心に留めておくことが大切です。幼い子どもにとって，この状況は修復され得ますが，子どもがティーンエイジャーの場合はそうはいきません。もちろん，いじめはきょうだい間で続くこともあり得ます。そうしたパターンが，時間とともに固定してしまうと，深刻な心配事となります。

2歳児の場合は，攻撃性はまだ，気の毒なダニーに形成されていたのと同じように形成されていると考えることはできません。ジェシカの母親は，彼女を砂場へ連れて行きました。そこには，年下の子が愛らしくよちよちと歩き回っており，ジェシカのバケツを勝手にとりました。瞬く間もなく，ジェシカは振り向いて，彼女のプラスチック製のシャベルで，その子の頭をぽんと叩きました。ジェシカのお母さんであるトレイシーは，ぞっとして跳びあがりました。これがジェシカなのかしら？ いとこの男の子と仲良く遊び，ジェシカの姉があれこれ要求してきても，元気で朗らかだった，あのジェシカ？ その年下の子が哀れに泣いているので，トレイシーは謝罪して，ジェシカに2度としてはいけないと言わなければなりませんでした。しかし，驚

くなかれ，ジェシカは，また争い始めようとしていたのです。似たような小競り合いがそのあと数回あったあと再び収まりましたが，それは，トレイシーに，ジェシカに対する自分の見方をいくらか考え直させるには十分でした。トレイシーは，自分の抱いているジェシカのイメージを，事実に合うように調整する必要があることに気づいたのです。つまりジェシカは，ちょうど彼女の姉と同じくらい気が短いのかもしれないのです。ジェシカは，気の強い元気な子どもで，年上の子どもとのつきあいが得意と思われていました。しかし今や，お母さんには，ジェシカが幼いライバルに対しては，彼女なりの感情を持っていることがわかりました。このジェシカは，なかなか哺乳瓶を手ばなせなかった，あのジェシカと同じでした。彼女は，一番年下のポジションが心地いいのを知っていて，やすやすとライバルにそのポジションを渡しはしない，とでも思っているかのようでした。

　忘れてはいけないのは，別の角度から見れば，ジェシカは，ほかの2歳児同様，大きな教訓を学び始めなければならなかったということです。その教訓は，私たち大人も，ある程度，生涯にわたって学び直す必要があるものです。それは，自分だけでなく，ほかの人も皆それぞれの感情や思考，感受性，望み，恐れを持った個人である，と理解していかなければならない，という教訓です。2歳という時期は，ちょうど他者に対する共感と思いやりが芽生える時期です。そのような他者に対する思いやりが感じられるようになるのは，他者がそれぞれ自分の生活を持っている別個の人間であることに子どもが気づき始める，ちょうどこの時期からなのです。よちよち歩きの子を叩いたその瞬間，ジェシカはその子のことをとり除きたい邪魔者としてしか認識していませんでした。「誰かが自分に同じことをすれば，自分はどんな気持ちがするのだろう？」とは，彼女には考えることができませんでした。実際，ジェシカはいとこの男の子や姉が彼女の物を取っても，これまで一向に気にしていなかったようです。彼女は，自分の物を取られても，機嫌を悪くせずに何か別の物を見つけることで有名でした。ジェシカは，自分が動揺していると感じることを避けてきたのでしょうか？　そして2歳半になった今，彼女は，少し傷ついたと感じている相手のことも考えなくてはならないという

ことに，しぶしぶ気づき始めたのでしょうか？

興味深いことに，小さい子をビシバシと攻撃していた時期のあと，ジェシカはペットや人形や乳母車の赤ちゃんといった小さな生きものを特にいたわるようになりました。両親がジェシカを温厚な子どもであると考えたことは，決して間違っていたわけではなかったのです。しかし，彼女は人間であり，私たちと同様，よい面と悪い面を持っています。そして，そのことを分かっている両親に支えられていたのです。

保育所，チャイルドマインダー，ナニー[訳注2)]

これまで，2歳児がいかに社会的な存在になりつつあるかを見てきました。両親はわが子の養育方法について自ら選択します。そしてたいていの場合，その選択は家族みんなのニーズを考慮した末の，重大なものであると感じます。こういった選択をすることは，簡単ではありません。今日，未来の大人を育て上げるのに，早期の経験が重要であることは認識されています。そのため，だれが子どもの世話に関わるかについて，何らかの不安があるはずです。

ここは，その問題を広く議論するためのところではありませんが，簡潔に，2歳児の養育に関する考えを示すことは適切だと思われます。2歳児に必要なものは何でしょうか？　さまざまな種類の養育の利点は何でしょうか？

時間が区切られていようが，一日中であろうが，何らかの形で組織化された保育所での保育の長所は明らかです。両親は，子どもを世話する人がたった一人（チャイルドマインダーかナニー）である場合の問題，主に不安定さと関わる問題を持たなくて済みます。もし，あなたが仕事に行かなければならない時に，チャイルドマインダーが背中を痛めた，あるいはナニーがどこかへ行ってしまったと聞けば，それはうんざりするニュースです。しかし，子どもの世話を保育所でなく人に頼もうと考える親はたいてい，2歳児にと

訳注2) チャイルドマインダーもナニーも子守をするが，前者はチャイルドマインダーの家で行い，後者は子どもの家に住み込むか通いで行うという相違がある。

って，子どもの世話を任せるその人と緊密な関係をつくれるようになることが必要である，と考えてそうしています。保育所の場合，細やかに大人の注意が行き届いていることを確かめることが大切です。子どもたちの身体的な健康や安全性は，子どもに十分関心をもちよく見てくれる大人がいるかどうかにかかっていますが，子どもの心理的発達についても，同様のことが重要となります。この時期，2歳児には一緒に考えてくれる大人が必要です。考えてもらうことによってのみ，私たちは考えることを学ぶのです。ところがある種の保育所状況では，子どもによっては，考えなしに振る舞うことを学びすぎてしまうこともあります。

とはいうものの，2歳児は，他の子どもに興味を持っており，その隣で遊び，徐々に関係を深めていくことから得るものがとても多いと言われています。もし，ナニーがいるとしても，2歳児は他の子ども仲間からも得るものがあることを理解しておくことが大切です。幼児のグループ，たとえば，音楽のグループ，図書館グループ，公園の遊び場グループは，文句なく人気があります。そういったグループは，2歳児のニーズにとても適しているのです。あなたが2歳だとしたら，連れてきた大人にしがみついておくこともできますし，またその気になったときには，その活動に参加することもできます。

親御さんにわざわざ言う必要のないことですが，どのような形態の養育を選んだとしても，大事なことは，そこで何が起こっているのかということについて，十全に注意が向けられ，把握できていることです。それは，説明をただ聞いているだけでなく，観察力を発揮し続けることを意味します。2歳児が意識し頼りにしている最も重要な「考えてくれる心」は，両親の心です。2歳児と日々の喜びを分かちあうだけでなく，思いがけず生じる困難とも取り組まなければならないのは，親の心なのです。

フルタイムの母親による養育から，フルタイムでの預かり保育まで，どのような種類の養育であっても，結局のところ2歳児の幸せな暮らしに寄与しうるのです。しかし，それは「何でもうまくいく」ことを意味するものではありません。次第に自分の選択が適切であったのか不安に感じ，数年後に振

り返って，二度と同じことを繰り返すまいと考えることさえあるでしょう。大抵私たちはその時点での最善を尽くしているのです。

第4章
心と体の発達

遊　び

　遊びは2歳の子どもの仕事です。2歳児は，朝，目を覚ました瞬間から遊んでいます。サムがピーター・ラビットに話しかけている声が，両親と顔をあわせる前から聞こえてきました。ピーターはサムの「代理自我」であり，もう一人の自分であり，いつも一緒にいてくれるのです。もちろん，ピーターは現実には返事をしてくれませんが，サムにとっては，ネジを巻けば子守歌を歌ってくれる，魅力的なぬいぐるみなのです。このようにして，サムは，ほかの人の手を借りずに何かをすることが出来るようになる途上，そして目覚めたときに自分は独りであることを自覚する途上にあるのです。彼は，空想と本当との違いを学びつつもあります。つまり，友情とはどのようのものかと考えてもいましたし，彼よりもほんの少し小さいものに対して愛情を感じてもいたのも確かです。ピーター・ラビットとのほんの数分間がどれほど複雑で多様な機能を果たしているか，見てとれるでしょう。
　サムのように，2歳児は頭の中だけでは考えません。遊びが，考える方法なのです。遊びは，日常の現実の世界だけでなく心や情動の世界をも探索したいと思う子どものニーズを満たす1つの方法なのです。サムは，この時一人で数分間遊びました。一度に長くは続かないものの，この年齢の子どもは時々このように，自分自身で考える練習を一人でしています。デイジーの母

親は，庭でしゃがんで，葉っぱや石を積み上げたものの横で遊んでいるデイジーの声を耳にしました。デイジーは「子どもがいっぱい，いっぱい死んじゃった」と，繰り返しささやくように歌っていました。彼女はものすごく集中していました。デイジーの心に何が起きているのか，私たちには正確にはわかりません。しかし彼女はまるで，真に重要な事柄に考えを巡らし，喪失に関連することを深く考えているかのように，その遊びをしていました。

　遊びには，一人でする遊びと，誰か他の人と遊ぶものがあります。2歳児は，やりとり遊びをちょうどつかみ始めたころです。また，やりとり遊びが始まると，相手になってくれる大人や年長の子どもを頻繁に巻き込んでいきます。サムは，ボブ・ザ・ビルダー[訳注1]というキャラクターに大変惹きつけられました。これは彼一人だけのことではありません。このエネルギッシュで小さなテレビのキャラクターは，多くの小さな子どもに強烈な印象を与えました。サムは，キャリー・ボックスに黄色の保護用ヘルメットとプラスティックのお仕事道具セットが入った，ボブ・ザ・ビルダー・セットをもらいました。最初にヘルメットを見た時，サムは今までこんなに素晴らしいものは想像したこともなかったとでも言うように，目を大きく見開きました。初めは，サムはこんな栄誉を受けていいのかどうか戸惑っているかのように，ヘルメットを被ることを恥ずかしがりました。しかし，サムはすばやくそれを手に取ると，かなり長い時間ボブ・ザ・ビルダーになって遊びました。彼はお母さんに，遊びに加わるように求めました。ウェンディというキャラクターが番組に登場したのですが，サムのお母さんはそのウェンディにならされました。その番組でのウェンディの役柄はどうであれ，サムのゲームの中では，ウェンディはボブの補佐役だけでなく，実質的にはボブの召し使い役もさせられ，何かするように命令され，文句も言わずにそれをしなくてはなりませんでした。

　サムは，大人になるというのはどんなことなのか，遊びながら考えていたのです。あこがれの黄色いヘルメットをはじめて見た時の反応は，彼が，こ

訳注1）イギリス制作の建設現場を舞台にしたアニメに出てくる大工のキャラクター。日本でも一時『ボブとはたらくブーブーズ』という邦題でテレビ放映されていたことがある。

のボブという男性キャラクターがどれほど恐れ多い存在だと感じているかを示していました。その豪華な魔法の道具を持つ姿は堂々として力が溢れ，ウェンディに何をすべきかを命令しているサムは偉そうでした。彼の大人に対する考えは，もちろん小さな男の子の考えることであり，現実的なものではありません。しかし彼は，自分自身の考えや感情を探索しているのであり，仕事や協調の世界を，彼に必要なだけの発達のレベルで探索しているのです。サムのお母さんは，彼の偉そうな態度が愛らしくてかわいらしく，彼の年齢に見あっており，年長の子どもが命令するのとは異なるものであることがわかっていました。

　ときに，遊びは身体的な可能性を探索することと関連があります。2歳から3歳までの1年間に，子どもは驚くほど発達します。まだ少し不安定な状態から，走ったり，登ったり，物に乗ったりすることで，身体はますます統制が取れていきます。身体的発達のすべてに，心理面が付随します。現実に何かがうまくできればできるほど，魔法やふりに頼らなくてはならない状況は減ります。走ったりジャンプができるようになることは実に重要なことですし，体を動かすことも必要です。それに体を使って活動することは子どもにとって望ましいものです。しかし，スキルを獲得することは，そういった事柄以上のものです。スキルを獲得することで，子どもは，自分自身のことは自分でちゃんとできるし，それが当たり前だという感覚を得ていくのです。

　多くの遊びは，技能を身につけることに関係しています。子どもが歩いたり，登ったり，走ったりすることをどのように学ぶかを考えてみると，絶え間ない練習を通してであることがわかります。実に多くの子どもたちが，自分を奮い立たせてトライすることを，飽くことなく繰り返します。同様に，想像的な遊びは，心の知的な側面が拡張し鍛え上げられ，それによって心の筋肉が発達するのに役立ちます。私たちは，考えることと感じることは，近接して存在していることを知っています。そして，子どもたちが自分の感情を探ったり，考えるのに努力を要する事柄を考えたりすることを学ぶ方法はたくさんあるのです。たとえば，過去に病院に行かなければならなかったり，なにか治療を受けなければいけなかったりした子どもは，おもちゃの診察セ

ットで遊ぶ中で，満足感や安心感を得ることがよくあります。病院という状況は，子どもの信頼感が揺さぶられる状況です。痛みを与える医師を，どのようにしたら，よい人であるとか助けてくれている人と思うことができるのでしょうか？　お父さんやお母さんが，あなたを守ろうとするよりも，むしろ医師の肩を持ってその手助けをするのは，どうしてなのでしょう。もちろん，こうした場合には説明する必要がありますし，純粋に共感することも必要です。しかし，すべてが終わった後には，お医者さんになり，説明のマネをしてみて，テディベアやピーターラビットに注射をする場が必要なのです。

絵　本

　子どもと一緒に絵本を見ながら，読んで聞かせることは推奨されています。そうすることは，ほとんどの人が楽しめることですし，子どもが絵本から何を得るのかを考えることは興味深いものです。2歳児の多くは，すでに絵本を見て，ストーリーを聞くことが好きです。まだそうでなくても，これから始めるのには格好の時期です。絵を見ることは，一人でできる楽しい活動ですが，この年齢の子どもはそんなに長い時間もたないでしょう。しかし，大人と一緒に座って読んでもらう経験は，いくらか異なる趣きがあります。そこに暖かいやりとりが生まれるのです。それは，人と一緒に行うことなのです。2歳児は，絵本を読もうとして，大人の身体に寄りかかるだけではありません。大人の心に，近づこうともしているのです。大人は，子どもの関心と注意を持続させ，視線を絵に引きつけて，お話の続きに2歳児を誘います。幼児は本の筋道にそって，理解してくれる大人の心のあとを追っていくのです。

　この年齢の子どもたちが楽しめる絵本の範囲は広いでしょう。まだ，赤ちゃん向けの絵本も好きです。たとえば，歯を磨いているお父さん，膝に赤ちゃんを抱っこして電話をかけているお母さん，ハイチェアに座っている子どもなど，いくらか複雑だけれどもよく似た表現で，日常生活の中で知っていることを，写実的にわかりやすく描いている絵本は好まれます。以下に，こ

の問題に関して、いくつか興味深いポイントを述べていきます。

　幼児の本のなかには、その年齢に関わりのある重要なメッセージを含むものもあります。そういう本は、幼児に考えるための糧をたくさん与えてくれます。「新しい赤ちゃんの誕生」というテーマのものには魅力的なものがたくさんあります。このテーマは、新しい赤ちゃんが生まれる予定がなくても、その年齢に相応しいものです。なぜなら2歳から3歳までの子どもの多くは、次のような疑問を抱くものだからです。アレックスは、4人きょうだいの一番下で、お母さんの心の中では最後の子どもでした。アレックスは、ある日、お母さんに尋ねました。「次の赤ちゃんは、いつ生まれるの？」これをテーマにした本の1冊が、シャーロット・ヴォークの『ねこのジンジャー』で、猫のジンジャーが、新しく生まれる赤ちゃん猫を受けいれなくてはならない、という話です。犬も、赤ちゃんが生まれたら、かわいがってもらえなくなるかもしれません。この本のメッセージは、ジンジャーも犬たちも、依然として赤ちゃんと同じくらい愛されているということです。

　このような本は、あらゆる種類の真の芸術が大人に及ぼすのと同様の機能を果たします。つまり、子どもの心を難しい問題に開き、それを考えやすくし、さらに深く考えていくように誘うのです。2歳児が大好きな本の多くは、子どもに広範な新しい領域のものごとや場所や考えを教えてくれることで、日常生活の経験を補います。子どもには、好みがあることでしょう。ある本がある子どもに訴えかけるかと思えば、別の本が別の子どもに訴えかけます。サムは、お母さんがどこかへ行ってしまうけれども、また戻ってくるという、赤ちゃんふくろうの本のとりこになりました。サラは、3匹の子ブタの話を何度も何度もねだりました。デイジーは、お母さんが実のところデイジーにすべてを理解できているとは思えない時から、ルパート・ベアのお話しを聞くことに魅了されていました。本は、子どもの知ることへの自然な渇望を満たすための、重要な手段となります。本が唯一の方法ではありませんが、軽視することはできません。

おもちゃとゲーム

　大人が高価なおもちゃを与えたからといって，いつでもそのおもちゃで子どもが遊ぶわけではないことは，たいていの大人ならわかっているものです。私たちの豊かな社会では，多くの子どもたちが，大量のおもちゃを持っています。これらの楽しいおもちゃは，害があるわけではありませんが，子どもは遊ぶためにいつも何かを見つけるので，本当のところ必要ありません。2歳児の多くが，より精巧に作られたおもちゃと同じように，小さな片手鍋や木のスプーン，庭の石や木切れで遊ぶようになります。もちろん，両親，祖父母，おじさん，おばさんなど皆，おもちゃをプレゼントしたがるものであり，それらが子どもに大喜びをもたらすのも確かです。

　時を経てもいつまでも楽しく遊べるのは，たいがい単純なおもちゃです。積み木，ままごとセット，車や電車，ヌイグルミや人形，これらはすべて2歳児に，より細かい運動技能や，考える能力を鍛えるための機会をたくさん提供してくれます。

想像と空想

　2歳児の想像力がどれほど活発かということを，遊びや本について考えることを通して見てきました。時々，活発すぎて，ほとんどコントロールできなくなります。2歳児は，現実に照らし合わせて自分の見方を修正できるほどしっかりと現実を把握していないので，悪夢や子どもじみた恐れは，幼児期のどの時点においても，大きな苦痛の原因となります。サラは夜中に，明らかにひどく怖がって，慰めようのないほど泣きながら目を覚ましました。お母さんはサラが，サラの部屋の壁にかかっている小さな古めかしい花びんの棚の，ビクトリア朝の彫刻の腕木を怖がっていることに気がつきました。お母さんが，注意深く見てみたところ，それが男の人の顔のように見えることがわかりました。即座に母親は「こんなきたならしいもの，外しちゃいましょう」と言い，問題を引き起こしている腕木の棚を取り外しました。怖が

るようなものは何もないとサラに説明するよりも、とりはずす方がはるかに適切でした。もちろん、子どもといろいろと話し合ってみることが適切な時もあるでしょうが、サラのお母さんは、サラが「よかった」と言って、軽くしゃくりながら眠りについたのをみて、それでよかったのだと感じました。サラが恐ろしい夢を見て目を覚ましたところ、その夢があたかも本当に起きていることのように感じたのでしょう。つまり怖い男の人が壁にいて、自分を見ていると思ったのでしょう。

　子どもの心は、時に、大人には本当のところわからない苦悩や恐れに支配されます。自分自身の心を回顧し（おそらく2歳までは無理で、せいぜい4,5歳まででしょうけれど）、子ども時代の恐れがいかに現実味を帯びていたかを思い出してみるとよいでしょう。想像と現実を区別することが出来始めると、子どもは安心します。出来事が夢だったということを認識できるだけでも救いになります。非常に幼い子どもはそれができないですし、現実の出来事のように経験します。デイジーはある夜、泣きながら目を覚ましました。最初、両親は彼女が言っていることがわかりませんでした。しかし最後に彼女は「パパがビスケットを全部食べちゃった」となんとか言えました。これは可愛らしい些細なことのように聞こえます。しかしデイジーは、自分には何も残されていないという、彼女には一大事と関係する夢を見ていたわけです。パパとビスケットのことは真実であるとデイジーは確信しており、説明して安心させることが必要でした。

話すこととコミュニケーション

　サラとデイジーの夢の例は、言葉の獲得がいかに大切であるかを示してくれます。言葉にすることのできる恐れは、あまり怖くはなくなります。いろいろと話し合って理解されれば、不安は和らぎます。もちろん、言葉を使わないコミュニケーション方法はたくさんあり、赤ちゃんはそれらをフル活用します。しかし、言葉だけが役に立つコミュニケーションもあり、幼児がさまざまなことを言葉にする力を増していくにしたがって、世界をしっかりと

把握できるようになるのです。

　話し言葉を獲得する年齢がたいへん幅広いことはよく知られていることです。それは，親の不安が集中することがらの一つです。1歳で言葉を話し始める子どももいるでしょうし，2歳をとうに過ぎてようやく話し始める子どももいます。ジェシカは話し始めるのが早くはありませんでしたが，物事をとてもよく理解しており，普段，口から出てくるよりも多くの言葉が頭の中にありました。このことは，2歳半の時に彼女が病院に連れて行かれ，血液検査を受けなくてはならなかった時に示されました。彼女はそのとき採血をした医者が許せませんでした。後でその医者が母親に血液検査の良好な結果を告げに戻ってきた時，それまではほとんど言葉を発しなかったジェシカが急にまくしたてたのです。「血だめ。血だめ。あなたはドコダイル！」ジェシカは，プレッシャーのもと，もう採血はしないとはっきりと指示しただけでなく，その医者は残虐だという彼女の思いを表現するために，「医者（ドクター）」と「わに（クロコダイル）」を上手にくっつけた合成語を作ることができたのでした。

　ネイサンの母親が観察したように，おしゃべりがとても上手なことは，時に良いことばかりでもないかもしれません。ネイサンはとてもおしゃべりが得意でした。たっぷりとおしゃべりの練習をさせてくれる大人とだけ，多くの時間を過ごしていました。公園で，ネイサンは同じ年頃の小さな男の子のところへ近づいて行き，「こんにちは，僕の名前はネイサンだよ。」と話しかけました。その男の子は，いぶかるような目でネイサンを見ました。「こんにちは」ネイサンは繰り返し，「僕の名前は……」と言いかけたところで打ち切られました。なぜなら，その男の子は邪魔をしてくるこの小さな人物に我慢がならず，軽く突きとばしたからです。ネイサンは転んで，意気消沈してしまいました。彼が今よりも，もう少し成長してくれたらと期待する人もいました。しかし彼の母親は，ネイサンは言語的には洗練されていて，早熟であっても，内実は他の同い年の子どもたちと同じく，小さくて赤ちゃんぽいところがあるという考えに至りました。つまり，同じく傷つきやすく，生活の中で戸惑うことも多く，すぐに赤ちゃんのものを喜ぶということです。

ネイサンは時々，まだ大人でもないのにまるで大人になったかのように，難しい概念を理解しようと懸命になりました。幼い子どもは皆，自分よりも少し上の世界に住んでいます。まだ自分にはまだわかりようもないから，わからないまま放っておくことでよしとせざるを得ないことが，子どもにはあります。時に，死別や離婚のようなできごとが起こり，子どもにそのことを説明しなくてはならないことがあります。このことは親にとって大変です。なぜなら，親は，何か言わなければならないと分かってはいるけれど，どのように言えばよいのか思いつかないからです。おそらく出来ることは，いつかまたそのことを話し合わないといけないことは重々承知しながら，とにかく伝えてみることくらいでしょう。祖父の死は，それほどまれなことではありませんが，2歳児が死を直ちに概念化できるはずもありません。そうするには，「どこかへ行ってしまい，二度と戻ってこない」という考えは恐ろしすぎるのです。
　この年頃に，子どもはとても簡単な言葉であらゆる種類の話題を持ち出してきますが，そのなかには，時にたいへん重要な事柄も含まれています。親には，そういった事柄は心から納得して理解するには長い時間，おそらく何年もかける必要があるだろうとわかっています。そういった話題の中には，たとえば，養子であること，父親もしくは母親がいないこと，同性婚の親を持つ子どもの立場，親もしくはきょうだいの死などがあります。子どもに話す時に，時期尚早で，一回あたりの説明量が多すぎたりするのはよくありません。圧倒されるように感じることで，子どもの不安は高まります。子どもがわからないことを聞きにくくなってしまい，あなたが抱いていた期待とは逆の効果がもたらされるでしょう。おそらく，言語的に長けていたネイサンがそうであったように，深い理解なしに，子どもが難しい説明をオウム返しにするようになるだけのことでしょう。この点に関して，他の場合と同じように，その子どもの年齢を思い起こし，子どもの心というのは，その体と同じように柔らかく傷つきやすく未成熟なのだ，という事実を忘れないようにすることが不可欠です。

テレビとビデオ

　テレビは，まったく異なる話題ですが，関連しています。新聞の調査を信じるならば，2，3才の幼児はテレビの前で膨大な時間を過ごしていることになります。多くの親はこのことに懸念を抱いており，この問題に関して何が賢明で適切か，自分たちで考えないといけないと感じています。2歳児が取り扱えて，ためになるものとは何でしょう？

　多くの子どもがテレビを観ている時に，どのように観ているのかを思い起こすとよいかもしれません。よく子どもたちは目を丸くして，親指を口に入れ，視線を画面にくぎ付けにしています。さらに，テレビが消されて，まるで釘付けされていたものが無理やり引きはがされたかのように，ものすごい金切り声が発せられるなら，まず彼らが頭をあまり使っていなかったと思ってよいでしょう。テレビが空白を埋める方法になっているのです。ある人は「それが何か問題ですか？」と言うでしょう。実際，短い時間ならば，害はほとんどないように思われます。私たちはときに，テレビを子どものお守り役として使っていることがあります。そして，子どもを動揺させるような番組を観ない限りは，夕食から就寝までの疲れた時間を埋めるまっとう方法に思えるのです。

　こうした受身の視聴と，子どもが生き生きとした関心を喚起され引き込まれている，能動的な活動とを比較してみるとよいでしょう。あるいは，大人が子どもと一緒にテレビを観る時との違いを考えてみてもよいでしょう。それは，本を読んであげているときの経験にぐっと近い経験ともなりえるのです。わたしたちは皆，テレビと関わらざるを得ませんが，本当に観たいものを観るように，分別を持つ必要があることを，どのようにして子どもに伝えたらよいでしょうか？　画面に釘付けになるような視聴の仕方は，あたかも嗜癖に陥っているかのようなもので，子どもは観るのをやめることに耐えられなくなっているのです。今では，小さな子どもに好ましいビデオはたくさんあるので，ビデオ視聴が，大人が繰り返し読む本を選ぶような状態になりつつあるのかもしれません。子どものテレビの視聴の受身性については，ジ

ェシカのお父さんのように「あの子は,『ウェールズ語のニュース』も観ることだろう！（ちなみに彼らはウェールズ語を話しません）」と言う親も多いでしょう。しかし，ビデオを用いれば，受身性の問題は，いくぶんましになるようです。

　他にも気になることがあります。それは，小さな子どもがテレビの前に座って何も吸収しないことではなく，むしろ逆に，何かよくないものを吸収してしまうことと関連しています。私が言いたいのは，ポルノや大人の暴力などといった，きわめて不適切なものを視聴することではありません。これらが，子どもにとってよくないことは，わかりきっていることです。しかし，不適切さのレベルは下回りますが，少し年長の子どもには大丈夫でも，小さな子どもには相応しくないことはあるものです。これもまた，子どもに責任を持つ大人が，子どもに何が起こっているのかを把握していることが大切な領域かもしれません。

　こう言うと古くさく聞こえますが，子どもを過剰に興奮させてよくない場合があるのです。子どもは，わくわくするような番組を見て，過度に興奮させられてしまいます。サムは近所の子どもたちと観ていたビデオに魅了されてしまい，いつそれをもう１回見られるのかを繰り返し繰り返し尋ね，そのことが気になって夜中に目を覚ますようになりました。このことから，小さな子どもが扱うには強すぎる刺激がそのビデオにはあることがわかります。子どもの発達のどのステージにおいても，子どもが年齢相応でいられることは大切なことです。

子どもの世界の大人たち

　最後に，２歳児の性格の発達を考えるにあたって，その子どもにとって重要な大人についてもう一度考えてみましょう。その上で，もう少し広い意味での家族について考えてみましょう。祖父母，おじさん，おばさん，いとこ。この人たちは皆，いなくならないという強みを持っています。彼らはいつもどこかにいるので，ナニーや保母とは全く違います。ある思春期の女の子は,

「えっと，私の一番好きじゃないおばさんでさえ，多分ずっと私の肩を持つことはわかっているつもり」と，いやいやながらも認めていました。

　よちよち歩きの幼児は，自分の親類を十分に活用するという仕事を始めないといけません。もちろん親戚は，時にありがたいものであるのと同様，やっかいなものでもあります。しかし，身近な関係の外側に重要な関係性を持っていると，小さな子どもの心に広がりや豊かさを生み出すものです。たとえば，親であった時よりも，祖父母になってからの方が上手に子どもに接することができるのは，決して珍しいことではありません。結局，彼らは経験を積んだからでしょう。祖父母は，うまくいけば親とはまた違った見方やテンポを提供してくれます。若いおじさんやおばさんはとても熱心な助っ人やベビーシッターになりますし，幼児は彼らと持続的な本当の関係を育んでいけるのです。

第5章
親

子育ての大変さ

　この短い章では，2歳児を育てることに真剣に取り組もうとする時，特に初めての経験の場合，それがどれほどむずかしく面倒で大変なことなのかを確認します。第4章では，何かを学んだ祖父母のことに触れました。一男一女をうまく育て上げたある老いた母親は，幾ばくかの悔悟の念をこめて，これまでの日々をふりかえりました。そして忙しい仕事と，子どもへの献身を同時に維持していくことに，どれほど苦労したかを思い出します。そして，今になって（ようやく），小さな子どもの世話をすることを，心から純粋に楽しめるようになったと感じていると言います。「ええ，そうよ。私はおばあちゃんになるためのトレーニングをしていたのだと思うわ。」

　だからと言って，彼女が，子どもとともに過ごし，成長を見守り，その個性につきあうことに強い喜びを感じなかったわけではありません。小さな子どもと1日24時間，一緒に過ごすことは大変だという意味です。それはなぜなのでしょうか？　こう問うてみると，別の興味深い視点へとつながっていきます。子どもを育てるときに，私たちはどのような経験と知識の蓄積を頼みにするのでしょうか？　これに対して，さまざまな答えがあるでしょう。年少のきょうだいの世話をしてきましたとか，10代のときにベビーシッターをしていましたとか，専門的な興味がありますとか，準備にいろいろな本

を読みましたと答える人たちもいます。あるいは，これといった事前の経験がまったくない状態で，子育てをすることになりました，と答える人たちもいます。どの答えも本当かもしれませんが，他の要因もあるのです。それは，わたしたちはかつて，皆2歳だったということです。2歳児であった経験は，12歳あるいは22歳の時の経験と同様に，私たち自身の中にあり，奥底に深く沈んでいますが，影響力があるのは確かなのです。

　これにはマイナス面とプラス面があります。マイナス面は，はるか昔の2歳の時の不安に再び火が着く点です。私たちは小さくて弱いということが，どれほど耐えがたいものなのかについてはわかりすぎるほどわかっているので，そのような不安から逃げてしまいます。プラス面は，2歳であったこと自体が有利になります。それがあるおかげで，私たちは，2歳児の気持ちがどんなものかを理解できるのです。私たちは2歳児の気持ちにつながるホットラインを持つ必要がありますが，同時に大人としてわかっていることを維持する必要もあります。2歳児と大人の綱引きは，うんざりするような緊張状態を生み出すのです。

　さらに私たちが親としての務めを果たそうとする際に，しばしば膨大な量の「お荷物」をそこに持ちこみます。わが子の子ども時代は，自分自身の子ども時代を思い起こさせるのです。こうした自分自身の子ども時代の経験に，私たちはしばしば意識せずに頼るのです。数十年前によく面倒をみてもらった赤ちゃんだった人は，自分が育てる番になったときに，上手に赤ちゃんの世話ができる公算が大きいのです。わが子がよちよち歩きの幼児期に達したら，自分自身の幼児期がぼんやりと，かつ強力に，見えないところで再び思い起こされています。

　事態は一世代以上さかのぼる可能性もあります。デイジーとアニーの母親は，この小さな2人の女の子のライバル心に悩んでいました。自分が，この幼児と赤ちゃんにどうしてこれほど苦戦しているのかわかりませんでした。彼女は自分と兄の間にみられた嫉妬心を思い出しましたが，それはこのようなものではありませんでした。しかし，もっと昔，彼女自身の母親が2人姉妹の一人でした。母親の家族にいたもう一人の女の子は，ちょうど同い年

で，孤児になったため，2歳の時に突然，養子として家族に迎えられたのでした。何かの問題が，未解決なまま次の世代に引き継がれたということでしょうか？　すべてが順調であれば何も気にすることはありません。しかし親が消え去らない不安に身をすり減らしているときには，もっと深く考えることが必要です。そしておそらく，親が子育てにどのような経験を持ち込んでいるかを考えることは価値があります。あなたの子ども時代はどのようなものだったのでしょう？　あなたの両親の子ども時代はどのようなものだったのでしょうか？

心配するべきとき

　小さな子どもの親の多くは，とりわけ最初の子どもの場合，大いに悩んでしまうことがあります。しかしながら，経験を積んでいくと，どのようなときに心配するべきなのかが自信を持ってわかってきます。ごく小さな子どもは，自分自身の問題や葛藤，怖れや不安を自分ではどうにもすることができません。したがって，子どもの世話には身体面だけでなく，精神的に緊密な関係も含まれるのです。親というのは，子どもと一緒に感じたり，子どもに代わって感じたりするもので，子どもと一緒に浮き沈みする傾向があります。

　消え去らない悩みには，どのようなものがあるのでしょうか？　ジャスミンは，ジョーという小さな男の子のシングル・マザーです。ジャスミンには，ジョーが自立していくどころか，どんどんしがみついて離れないようになっているように見えました。2歳児は赤ちゃんとまださほど変わらないわけですから，2歳児が赤ちゃんに退行していると言うのはあまり適切であるとは思えません。しかし，ジョーは1人では眠らないと心に決めているようでしたし，しばしば食事を拒み，オムツがとれる兆しも一向に見えませんでした。ジョーは，しばらく保育所へ行っていたのですが，朝に母親と別れにくくなり始めたのです。そして，保育所で1人の保母がジャスミンを脇へ連れて行き，このところジョーが他の子どもに腹を立てて攻撃的になっていると伝えたことで，問題が明確になりました。

ここに簡単な経験則があります。それは「子どもの生活全般を見わたしなさい。子どもは食べていますか？ 眠っていますか？ 他の子どもと仲良くやっていますか？ 楽しく過ごしていますか？ 新しいことを学んでいますか？」といったものです。もし子どもの問題が，これらのうちのいくつかの領域のみで起こっているのなら，そのまま成り行きを見守るのが適当と思われます。あるいは，ちょっぴり赤ちゃんの頃に戻ったように，少しだけ甘やかしてあげるのもよいでしょう。たとえば，サイモンは，新しく赤ちゃんが生まれた後，不機嫌になった時には，哺乳瓶を欲しがることがありました。そのような時，親は心配して騒ぎ立てるよりは，哺乳瓶を思う存分に与える方が良いと考えました。そして，みじめに哺乳瓶をもってうろうろさせるよりは，哺乳瓶をあげる時に抱っこしてあげ，膝に座らせて吸わせておくのがよいと考えました。当時サイモンの生活には，さまざまな問題が明確に現れていました。睡眠にトラブルが生じていましたし，ときどき食事を拒みました。しかし，同時に，彼の語彙が増えていく様子からもわかるように，サイモンは明らかに急成長していたのです。この状況は，一時的な問題のカテゴリーに含まれ，耐えられる範囲のものでしょう。なぜなら，新たにきょうだいが誕生したことで，サイモンが動揺しているのが明白だからです。トラブルの原因ははっきりしています。しかしジャスミンとジョーの場合は，それとは状況が違いました。ジョーは，保育所だけでなく家庭でも攻撃的になり始めました。なだめられないほどの癇癪を起こすようになりました。どこもかしこもトラブルだらけでした。問題の根底には，何があったのでしょうか？ 「誰のせいなのか？」と考えて誰かに責任を負わせることからは何も得ることはありませんが，一見すると訳がわからず無意味に思える状況を理解しようとすることからは，多くのことを得ることができます。ジャスミンは，ジョーを自分の手で育てることに奮闘しながら，自分は限りなく不幸だと感じていました。その上，このような難しい男の子を持ったことで，打ちのめされたようです。彼女には母親がおらず，近くに姉妹も居なかったのです。ジャスミンは，どこへ駆け込めばよかったのでしょう？

彼女はかかりつけの医者の元へ行きました。その医者は，保健師の助けを

借りることを提案しました。ジャスミンを訪問した保健師は，親切で経験豊かな女性だったのですが，彼女の目から見て，ジャスミンが抑うつ状態に陥っているのは明らかでした。実際，ジャスミンは，今の状況について話し考え始めた時，彼女自身この一件は今に始まったものというわけではないとわかりました。彼女のパートナーが，彼女とジョーを残してついに出て行ってしまってから，ここ数カ月間，次第に落ち込み，不幸で，孤独で，惨めな感覚が強くなってきていたのです。ジョーはお母さんが何かおかしいと感じて反応していたのだ，と考えると納得がいきます。お母さんを喜ばせようという彼の努力は，何の役にも立ちませんでした。彼は，悲しく，抑うつ的になってきて，あまり食べなくなり眠れなくなったのです。彼は，お母さんがお母さんらしくないことに対して怒り，怯え，腹を立てるようになり，一人になることやお母さんと離れることを怖れるようになりました。また，ジャスミンとジョーの父親は難しい関係にあったにもかかわらず，ジョーは，お父さんはどこへ行ってしまったのだろう，と思っていたのです。

　考えるべきことは，ジャスミンにとってとてもたくさんありました。そして彼女は，それを心の奥に押し込んできたのだと気づきました。保健師はジャスミンを，彼女の状態に役立ちそうな医療機関のカウンセラーに会えるよう手配しました。それというのも，ジャスミンは心配事がありすぎて，自分で申し込むことが出来なかったからです。彼女は回復するにつれて，ジョーが父親に会えるようにジョーの父親との関係をなんとかできないか，考えられるようになりました。また，ジャスミン自身も人や活動に対して新鮮な興味が持てるようになり，人生は終っていないんだと思えるようになりました。

　お母さんが落ち込まなくなり，友達や母親仲間との繋がりが回復し，そろそろ仕事を引き受けられるのではないかと思い始めるのにつれて，ジョーは著しく元気になっていきました。

家庭の問題

　ジョーの心の様子をみてもわかるように，2歳児はしばしば，家庭の中の

天気や気温に反応する気圧計や温度計のような計測器の役割を果たすことがあります。2歳児は個としてほんの少し分離し始めたばかりなので，年長の子どもと比べると，家族の浮き沈みに振り回されやすい傾向にあります。

　ルーシーとマットは，生活を大きく変える決断をしました。ルーシーは，遠方の都市に赴任することを条件に，昇進と大幅な昇給を提案されたのです。赴任先の方が住宅が安かったので，ルーシーとマットは，その申し出を受け入れ，マットは退職して主夫となり，ネッドの世話をするのが最もよいと判断しました。しかし，その決断は早急にしなくてはならず，家族全員にとってその変化は非常に大きいものでした。その変化の中には，マットの役割が大きく変わることや，ルーシーの新しい仕事の責任が重く，仕事時間が長くなることがあっただけでなく，頼りになるサポーターだった祖父母と離れることも含まれていました。

　一見したところ，最悪な状態に陥ったのは，ネッドでした。ネッドは，お母さんの足にしがみついて，仕事に行くのを止めさせようとしました。マットがぞっとして耐えられないと感じるようなやり方で，なだめようのないほど泣き叫びました。そして，消えたはずのネッドの湿疹が，ここぞとばかりに再発しました。彼は保育所で転び，ひどく頭を打って（とはいっても，幸運なことに危険な状態ではありませんが），病院へ行かなければなりませんでした。とうとうルーシーとマットは，一緒にいる時間のほとんどを険悪な冷戦状態で過ごすようになりました。口論の的は，以前よりもはるかに難しくなったネッドの扱いでした。

　家族みんなが苦痛な時間を過ごしました。「ネッドの問題」について夫婦の間で終わりのない不快な話しをするのではなく，ルーシーのいとこが泊まりに来て，そもそもこうなったきっかけについて話す機会ができた時に，ようやくこういった状態が和らぎ始めました。波乱の物語を端折ると，ルーシーとマットは，彼らが軽率な判断をしたのではないかと思うようになったのです。マットは一日中，家にいることに本当に耐えられるのだろうか？　ルーシーは実際，朝の7時から夜の8時まで外で働いていたいと思っているのだろうか？　マットが，家の改築の仕事を終えたときに，話し合って何らか

の妥協点を見出すことができたかもしれないのではないか？

　問題はネッドの中にあるかのように見えますが，実際は，家族全体がこのような激しい変化に取り組む中で当然直面する困難に問題があったのです。一般的に言って，2歳児は周囲の変化に極端に反応しやすいのです。

幼児の中の困難

　幼児そのものが問題の起源になることはあり得ないと考えるのは間違いでしょう。ルビーをソファーから突き落とそうとしたベンを思い出して下さい。彼の嫉妬と羨望は，他の誰でもない彼自身のものであることは明らかです。彼と，ネイサンをいじめたダニーは，理由はそれぞれ異なってはいるものの，最終的にほぼ同じ場所にいると言えるかもしれません。母親が部屋を出て行くとベンは妹を攻撃する誘惑にかられた訳ですが，母親は「ベンは本当にルビーと仲良くしているね」と満面の笑みで戻って来ました。同じように，両親が叱ったことで，ダニーはネイサンを密かに攻撃するようになりました。どちらの男の子の親も，この時点で，ジェシカの両親と同じようにすることはできませんでした。ジェシカは，砂バケツを取った小さい子へのひどい攻撃性を見せ，お母さんをびっくりさせました。ジェシカの母親はいくぶん不快に感じながらも，あまりよい子でないジェシカの姿に耐えることができたのです。彼女は心の中で「この子も人間なんだわ」と考え，最終的に少し達観した見地に立つことができたのです。

　ベンの敵意に満ちた嫉妬は無視され，まるで彼の一部ではないかのように軽視されました。ダニーのネイサンへの攻撃は，理解を要することというよりは，むしろいたずらで悪いこととみなされていました。彼の両親は，いたずらといたずら以上のものとの間には大きな違いがあることをわかっていませんでした。いたずらというのは，こうするか，ああするかを子どもが選択する（そして実行する）ことができるものです。一方，いたずら以上のものとは，ダニーのように，内的に駆り立てられ，そう簡単には止めることのできなかったような精神的な不調状態です。ダニーは助けを必要としていまし

た。おそらく，彼とネイサンを二人っきりの状況にならないように監督してもらうといった形の助けが必要です。そして，それよりもっと一般的に必要なのは，家族がめちゃくちゃになっている場合，その子どもがひどく混乱してしまうのは避けられないことだ，と理解してもらう形の助けです。

複雑な家族状況

多くの幼児たちは，難しいというよりも複雑であるといえる家族状況を克服していかなければなりません。たとえば，再婚した家族に新しくできた幼児の場合はどうでしょうか？ 両親の双方に，前の結婚での子どもがいて，きょうだいになるかもしれません。同性結婚をした家庭の子どもの場合はどうなるでしょう？ そのような状況では「私はどこから来たの？」「誰が私を生んだの？」といった問いが深い意味を持ちます。ジョーのように親が別居している子ども，2組の両親がいる子ども，親が自ら選択してシングルである子どもなど，いろいろな形があります。

このような場合，なにか心配することはあるのでしょうか？ 私たちは，今までと異なる新しい形態の家族について，何か助けとなることが言えるでしょうか？ 覚えておくとよい大切な点は，2歳児は将来のアイデンティティを創り出しているということです。これは，それ自体複雑なプロセスで，子どもが見たり，言われたりしたことだけでなく，起こった出来事や言われたことについて子どもがどう理解するかも関係しています。人々は，「条件づけ」に関心を持ちますが，それは誇張されがちかもしれません。たとえば，人がある特定の仕方で振る舞うのは，社会や親や他の誰かにそう強いられてきたからだと言われることがあります。確かに，そういうこともあるかもしれません。しかし，こうしたことが起こらない場合もいくらでもあるのをご覧ください。おそらく，自分自身のことを考えて親の影響は限られていることに思い至ると安心するでしょう。他の家族や出来事，人々や学校などの組織，そして言うまでもなく子ども自身の独自の性格が，子どもの人生を形づくる役割を担っているのです。

人間は，さまざまな力を秘め，かつ適応的です。どんな場合でも私たちが小さな子どもについて考える際に覚えておく必要があるのは，子どもがいかに傷つきやすく依存的であるかということです。子どもは，決して大人のヘルパーにはなれませんし，言うまでもなくパートナーにもなれません。確かに，子どもは人の助けになれます。最も助けとなるのは，子どもが子ども自身でいることです。生き生きと成長している2歳児は，時に，家族の希望の星です。つまり，「物事はうまくいくだろう。そして，おそらく過去よりもよくなるだろう」という希望を表す存在なのです。

おわりに

　3歳になると，子どもは驚くべき成長を見せます。発達初期の幼児の到達レベルは，個人差が大きいものです。身体面でしっかりと成長し，走ったり登ったりでき，早くもボール遊びに夢中になる子どももいます。また，見事な運動スキルに磨きをかけ，積み木や，物を組み立てることに集中することができる子どももいます。きちんときれいに食べられる子どももいれば，昼も夜もおもらしすることなく清潔な状態でいられる子どももいます。巧みな表現で文章を話し，複雑な会話ができる子どももいます。

　一方，中には，手足の動きがおぼつかなく，活発でなく，よじ登ったりボールを蹴ったりするなんてとてもできそうもないという子どももいます。積み木や，組み立てるおもちゃやゲームに，ほとんど興味を示さない子どももいます。自分で食べるようになりたいという気持ちを持たなかったり，トイレでおしっこをしましょうと言うと強く抵抗したりする2歳児もいます。ほとんど話すことのできない子どもたちもいますが，そういう子どもの非言語的コミュニケーションの技術は素晴らしいこともあります。

　3歳の誕生日をむかえるまでに，子どもの全体像のバランスが取れてきます。普通の3歳児は，歩くこと，話すこと，トイレットトレーニングなどすべて，若干のデコボコはあるかもしれませんが，できるようになります。3歳児は，自己の感覚がさらに育っていきます。そして，自分とは異なる自己を持つと理解される他の子どもたちと一緒に遊ぶことについて考え始めることができるようになります。これは長い過程であり，まだ，ちょうど始まったばかりです。3年目が始まる頃，つまり2歳の誕生日をむかえた後で

も，2歳児は相変わらず年長者にくっつくことを必要としています。集団の場，つまり保育所や社交的な状況のいずれにおいても，2歳児は，支えてくれる大人との関係を何より大切にします。徐々に，同い年の子どもと関係を持つ力が育ち始め，3歳の誕生日をむかえるまでには，早期の友人関係が持てるようになります。協力，一緒に遊ぶこと，ゲームへの参加はすべて，ほんの束の間だけ起こるようなものです。しかし，よちよち歩きの幼児から子どもへと発達していく過程は進行していて，学校が始まる，4，5歳までには，大人から自立した同年齢同士の関係をいくらか楽しめることができるまでになります訳注1)。この能力は，他者はその人なりの感情，願い，好き嫌いを持つ個人であるということを，幼児が徐々に気づいていけるかどうかにかかっています。つまり，他者は単に自分との関係の中でのみ存在しているのではなく，一個人として独自に存在しているのだということに，少しずつ気づいていけるかどうかにかかっているのです。

　私たちは，自分の中の乳児の部分から完全に脱却することは決してできません。私たちの中には，良くも悪くも魔法を信じるところが常に存在します。つまり，親を自分の父親や母親としてのみ存在しているとみなし，自分に特別な力を及ぼすことのないただの人間とはみなさないところが存在するのです。私たちの性格の中に奥深く埋まっているにしろ，活発に働いているにしろ，こういった部分があるので，私たちは「欲しいものはすべて満たされ，あらゆる苦痛は緩和され，あらゆる恐れはすべて追い払われるべきだ」というように，魔法のような世話をされて当然だと感じるのです。2歳児は，自分が生まれてきた世界が，奇跡が起こりもしなければ魔法も存在しない人間の世界であることを発見していくほんのスタート地点に立ったばかりなのです。

　ある意味，私たちにいろんなことを万能的に動かす力はないという発見にはがっかりさせられます。2歳児は，自分の思いどおりにできるという確信を，外の世界でも追体験しようと試みます。この強力な信念に大人が同意し

訳注1) 英国では，小学校は5歳から始まるが，通常，4歳からreceptionと呼ばれるクラスに入る。

ないでいることはしばしば困難です。ベッドに行かない，気に入らないものは食べない，ママとパパだけの時間を許さないといった子どもの信念に同調してしまう誘惑にかられる大人はどこでも見かけます。それとは逆の誘惑もよくあります。それは，子どもの気まぐれな思いつきを満たしてやるのは危険だという大人の信念です。とても未熟な人間に，現実は厳しいけれども現実を受け入れることが私たちの唯一の救いであるという見方ができるように手助けしつつ，その世話をしていくという，成熟した大人の方針を保持し続けることは難しいものです。自分が全世界の支配者でもなければ卑しい虫けらでもないという考えと取り組むことは，生涯をかけた仕事です。人生のこの段階を生きる2歳児は，着実に前進し，彼らが実際に成し遂げられることを学び，自分自身や自分を取り巻く環境全般を実際にコントロールすることを学んでいきます。それは，大人になったときの性格の土台形成をし続けているとも言えるのです。

第Ⅱ部
3歳の子どもを理解する

ルイーズ・エマニュエル

謝　辞

　この部の考えや事例の助けとなった次の方々に深い感謝の意を表します。Michal Gurion は，第 2 章の「ペニー」のケースの素材を提供してくれました（2005 年に出版される本にも掲載されます）。

　Lizzie Overton, Greyson 夫妻（James と Ruben）には，「マックス」の事例についての意見をいただきました。

　Paolo Carignani, Holly Dwyer, Susan Reid, Judith Trowell, Alison Cantle と Margaret Rustin にも感謝いたします。

はじめに

　A. A. ミルン[訳注1]の『クマのプーさん』の登場人物であるクリストファー・ロビンが，すっかり「僕」が出来上がった年齢である6歳から振り返って，3歳の時は，ほどんど「僕」ではなかったと話しています。しかし，3歳児と一緒に過ごしたことのある人は誰でも，心と体とパーソナリティがいかに速く発達するかを知っています。日ごとに，彼らははっきりとものを言うことができるようになり，いろんなことができるようになり，想像力豊かで好奇心旺盛になっているようです。小さい子どもが本当に自分のアイデンティティを築き上げるのは，この生まれて4年目の年なのです。「これが僕なの！」。

　「3歳になったばかり」と言うのと，「もうすぐ4歳」というのは，経験の豊かさや発達の程度において信じられないほどの開きがあります。多くの変化と移行がそこでは起こるのです。3歳までに，子どもは少なくともいくらかは親以外の人に面倒を見てもらっていることでしょう。なぜなら，多くの親はその頃までには仕事に戻っているでしょうし，大体この年頃から幼稚園(ナーサリースクール)に行き始めるからです。これは大きな出来事です。そして，もはや赤ちゃんやよちよち歩きの幼児ではないとまわりから見られるようになるにつれ，3歳児の期待は膨らんでいきます。

　けれども，3歳児は本当にそれほど成長して大きくなっているのでしょうか？　子どもは有能さや自己コントロールを時々見せるかもしれません。慣

訳注1）A. A. Miline は，イギリスの詩人・作家で，『クマのプーさん』で有名。

れた環境にいる時や，要求がほとんど聞き入れてもらえる時には，特にそうでしょう（手助けなしでビデオのスイッチを入れることができるかもしれませんし，すでに少しはコンピューターを使えるかもしれません）。子どもは威張って王様のように振る舞うことさえあり，両親やきょうだいをあごで使います。ベンは3歳になると，両親が自分のことを「ベンちゃん」と呼ぶのを嫌がり，「僕はもうお兄さんだから，自分のことは自分でするもん！」と言いました。

しかし，3歳児には，もっと幼くて，赤ちゃんのような面もあり，びっくりするくらい，そういった面が垣間見られることがしばしばあります。ある時には「パパの書斎で書類を整理する」真似に夢中だったのが，次の瞬間にはオムツの中でウンチがしたいと頼んできます。幼稚園では「とびっきりよい子」なのに，家に帰ると不機嫌で疲れていて，緊張を解いて，幼稚園で抑えていたものを出すようになります。ただただお母さんの膝の上に丸まって，指を吸うか，哺乳瓶を欲しがったりします。

ある親が，3歳の娘と14歳の娘がとても似ているように思う，と私に話してくれました。2人とも，言うことを聞かず，反抗的で，好奇心旺盛，探索好きで，危なっかしいことが好きで，チャンスがあれば自分が乗り出してきて，ある時には困って依存的になっていると思ったら，次には強く自立しようとします。この2つの発達段階には共通点が多く，特に，どちらの年齢も，激しい情動が起こってくるのが特徴です。その様子は，さまざまな感情が泡のようにぶくぶくと浮き出てきたと思ったら，破裂してかんしゃくを起こしたり，突然泣き崩れたり，ある時には王様のように命令することもある，といった具合です。親にとっては，よちよち歩きを卒業したての3歳の子どもに期待し過ぎないようにすることと，成長していくために十分な機会を確保しようとすることとの間の適切なバランスを取ることが，しばしばとても難しくなります。

スキルが発達し，我が強くなる

　子どもの社会的な世界はこの1年で広がります。保育所や家で，想像的な遊びやおままごとなどを通じて友達とだんだん一緒に遊べるようになります。おもちゃを共有したり，誰と遊ぶか選んだり，順番を待ったりする際に感情が高ぶることがあるので，親はまだ傍で見守っている必要があります。

　3歳の子は，自分の身体的な能力に喜びを見出し，外での活動を楽しみます。子どもは自信をもって走れるでしょうし，スキップしたり，ぴょんと跳んだり，三輪車に乗ったりし始めます。スイミングや幼児体操教室にも通い始めているかもしれません。また，お絵描きや，簡単な工作，パズル，絵合わせも楽しみます。ただ，まだいくつかの特別な「赤ちゃん」おもちゃも好きなのです。一人遊びにせよ，他の子との一緒の遊びにせよ，創造的かつ想像的に遊ぶ力はますます増していき，お話しすることもどんどん好きになっています。3歳までに子どもは会話を楽しむようになり，「なんで？」と聞くことを学んでいて，それを際限なく使うでしょう。新しい言葉を加えていき，聞いたことのある言葉も使うことで，お話しがどんどん上手になっていきます。でも，時には面白いほど文脈から外れることもあります。3歳のジェニーは，最近兄が理科のテストのために復習をしていることもあって，スイミングで水が冷たいと，「パパー。このH_2Oの中を本当に泳がないといけないの？」と泣きました。ローズは，週末の大人同士のちょっとした軽口を聞き逃さずにいて，幼稚園で先生に「私のママはアル中なの！」と言ったのでした。実際のところ母親はワインかビールを数杯しか飲んでいませんでした。

　好み，好き嫌い，風変わりなところなどがさらにはっきりしてきますが，それはいつでも社会通念に従うとは限らないかもしれません。ドットは誕生日にフリルのついた虹色のペチコートをもらい，一週間ずっと幼稚園に服の上からそれを着ていくと言い張りました。母親は言い争っても仕方がないと判断しました。ギャバンは，家族とピクニックへ出かけようとしたまさにそのときに，大好きなキュウリのピクルスの瓶が弁当を入れたカゴに入ってい

るのを発見しました。お昼ごはんの時に食べようねと言われましたが，彼はそれには答えずに，他の家族の者が準備をしている間，弁当の入っているカゴをこっそりと物色しました。突然，大きな音がしました。それはピクルスの瓶が床に落ちて割れる音でした。ギャバンは「瓶から出しておいたら，すぐにピクルスがとれると思って」という言い訳をしたのです。

　小さな子は新しいスキルを学ぶのが好きですが，これには忍耐と時間が必要となります。子どもは新たに習得したスキルであっても，遅刻しそうな時に，カーディガンのボタンを留めたり，紐を結んだりするのは難しいでしょう。しかし，両親がそれほど焦っていない時には，このような課題に挑戦する十分な機会が得られます。子どもは自分で自分のことをやりたがります。ただ一方では，子どもは，自分で頑張れるように時間をかけて励ましてくれる両親に，注意深く細やかに導いてもらうことも必要としているのです。

　子どもは，赤ちゃんのように依存したい気持ちを，理解され，尊重されていると感じる時に最も発達できるようです。その一方で，成長し，発達して，新しいスキルを学ぼうとする自分の力に，両親が信頼を置いてくれていると感じることも必要としています。もし親が子どもを「赤ちゃん扱い」し続けて，全部やってあげていると，子どもは自分では何も出来ないのだと思い込むかもしれません。一方で，あまりにも早くから自分で自分のことをするように仕向けられると，子どもは，他の人に頼って助けてもらったり，導いてもらったりするのが難しいと思うことでしょう。

　子どもの言葉や身体発達の速度や進度は，正常範囲内でも広いバラつきがあります。どのスキルをいつ習得するかは子どもによって異なるのです。親が子どもの成長記録を比較することは避けられないものですし，それが親同士の競争に繋がることもあるでしょう。他の子と同じくらいの早さで発達していなければ，親は心配するものです。しかし，子どもは自分のペースで成長していくのです。子どもがどの領域の発達も深刻に遅れているときにのみ，そのような心配は妥当なのであって，その場合には専門的なアドバイスを受けるとよいでしょう。

家族の一員として

　家族が子どもの世界の基礎を形作り，子どもに「安全基地」を提供し，そこから子どもは外の世界に出て行くのです（この「安全基地」という概念は，児童精神科医のジョン・ボウルビィが発展させたもので，人間関係において本質的なものである「愛着（アタッチメント）」の考えから生じました）。子どもは，家族の様子をしっかり見たり，聞いたりして，動きや仕草や癖を真似しようとします。一方，子どもが行動や遊びや話を通して伝えようとしていることを親はなんとか理解しようとし，そういった親の意欲と愛情を子どもは頼りにしています。子どもの身体的，情緒的な要求に対する親の愛情と保護と注意によって，子どもは，他者への共感を発達させ，意味のある関係を築き，経験から学べるようになっていくのです。

　このぐらいの時期には，家族全体に影響する，人生の大きな出来事が起こり，それについて考える必要があるがあるかもしれません。仕事での要求は大きくなり，転職や昇進を考えることもあるでしょう。また，新しい子どもが生まれたり，引越ししたりするかもしれません。そのような負担を分かち合って助けてくれるような祖父母や他の家族や近くに住む友達がいるかもしれません。しかし，この変化の多い時代に，家族が近くに住んでいるという保証はありません。子どもは国外に住んでいる祖父母と長距離電話で関係を維持しないといけないかもしれませんし，親に遠くにいる家族の写真や思い出の品を見せてもらったりして関係を維持するのを手助けしてもらうことも必要かもしれません。私たちは，離れたところに住んでいる家族について子どもはよく分かっているはずだ，と間違って想定しがちです。3歳のジェイソンにおばあちゃんはどこに住んでいるのか尋ねたところ，彼は（本当はジャマイカなのに）「おばあちゃんは電話の中にいるよ」と答えました。3歳児との生活は，両極端な出来事や，調整しなければならない課題で一杯です。それは報われるところがあるものの，疲弊するものでもあります。ちょっとショッピングに行ったり，映画を観に出かけたりといった程度のことであっても，エネルギーを補給するための休みは重要で，親のすることリストの上

位に挙げておくべきでしょう。

分離や変化への対応

　小さい子どもとその親にとっての大きな課題のひとつに，それぞれが分離に対応しなければならない，ということがあります。なぜなら，子どもは活動範囲を広げて，家の外の社会的な状況へと移っていくからです。分離の準備のため一時的に幼稚園で過ごすのは，親にも子どもにも非常に大きな経験になります。それが将来の分離のモデルとなるのです。多くの親は子どもをできるだけ早い時期に幼稚園に連れて行こうとします。なぜなら，学校にすぐに馴染むためにも，子どもが他の子と一緒にいるのに慣れるのが「よい」と思っているからです。

　これは必ずしも正しくはありません。より早期の赤ちゃんの頃に母親（もしくは父親）と1対1の満足のいく経験をしている子どもの方が，集団に入った時に上手く対応できることがあります。なぜなら，子どもは独り占めできる関係にある優しい親という安定した人物像を自分の内に持てるからです。1対1のこうした満足のいく経験をしていることで，その後の段階で，きょうだいと親を共有することもできるようになりますし，幼稚園で他の子どもと競合しながらも先生を独り占めせずに共有することもできるようになります。子どもはさまざまな行動パターンを形成していきますが，それは主に家族内で，つまり子どもが主な養育者とつくりあげてきた関係で始まります。外の世界に対する態度や期待の大部分は，最も身近な大人との家庭生活の中での経験に基づいているものです。

この本からなにが得られるのか

　この本で，私は3歳児の世界を活き活きと描き出そうとしています。たとえば，子どもの情緒的な浮き沈みや，遊び，学び，考える力が発達する様や，身体的，言語的なスキルが増加する様子について描き出そうと思います。ご

はじめに

存知の通り，子どもはユニークで，それぞれ個別の筋道に沿って発達します。しかし，3歳児というのは多くの点で共通しているところもあります。この本では，なるべく多様な社会的，民族的な背景をもつ子どもとその生活経験の例をとりあげていきます。少なくともいくつかの例が読者にとって親しみがあるものになることを願います。私はまた，3歳児を持つことで通常たどる道や，それに伴う心配と喜びなどついても書きます。また，目立たない問題や行動上の癖が，どの程度だと心配すべきことであり，家族の外に援助を求めるのがよいのか，といったことも示そうと思います。3歳児にみられる最も難しく挑発的な行動も，年が経つと落ち着くし，子どものパーソナリティの発達に豊かさを与えるかもしれないことは心に留めておく価値があるでしょう。私たちみんなが，考えることも，することも同じであったら，人生はとてもつまらないものでしょうから！

第1章
子どもを理解する

子どもの気質と生活経験

　親にとっては当たり前のことですが，子どもにはみな個性があります。それぞれの性格があり，その子独自の好き嫌いがあり，怖いものや情熱をもつものがあります。この段々とはっきりしてくるパーソナリティは何によって作られるのでしょうか？　3歳児がどう考え，どう感じ，どう振舞うかは，ある部分は，赤ちゃんの時の両親との関係に関連しています。

　幼稚園に行ったり，担任の先生が変わるといった新しい経験にどのように対処するかは，離乳などの赤ちゃんの頃の欲求不満や，はいはいできるようになるといった変化や発達に際して，子どもがどのように助けてもらったかに依ります。ある程度は，両親自身が，どのように育てられたかも影響するでしょう。時には，両親が，非常に困難な子ども時代を経験していることもあるでしょうし，子どもとは異なった国や文化で育ったということもあるでしょう。子どもが自分の成長する力に自信をもてるように助けることや，しっかりとしつけをすることは，難しいことでもありますが，また十分に報われる仕事でもあります。

　しかし，赤ちゃん自身にもまた，生まれ持った気質があります。そして，これと早期の生活経験とが重なって，その子独自の内なる心の世界を作るようになるのです。子どもが，世界を主に友好的で，希望に満ちた，理解のあ

る場だと捉えるのか，あるいは，自信を失わせる敵対的なものだと捉えるのかは，早期の関係がどのように体験されたかに影響されるでしょう。子どもは，どのように自分が迎え入れられると思うのでしょうか？　早期の関係がどのように発展していくのかは，部分的には，子ども次第でもあるのです。その子は，すぐに満足する子でしょうか，それとも要求がましい子でしょうか，反応の遅い子なのでしょうか，それともすぐに笑顔になって人を喜ばせる子なのでしょうか？

　3歳までに，子どもの人との関わり方や，他者への期待のあり方のパターンの多くは，すでに築かれているでしょうが，子どもは，新しい関係を発展させ続けていますし，世界についての像も変化し続けているでしょう。子どもは，行動したり考えるにあたって，心の内側にイメージや像をもっています。子どもが，遊びや会話や行動の中で，しばしば表現するのは，このようなイメージの中身なのです。子どもの遊びや行動の細かな点をよく観察したり，注意深く耳を澄ませてみると，私たちがなんとか知りたいと思っている，日々の生活を送る中で子どもの心に何が起きているのか，子どもが何に興味や関心を持っているのかといったことが分かることがあります。

遊ぶという仕事

　私たちは，子どもの遊びの価値や重要性を過小評価しがちです。しかし，実際は，遊びは子どもの仕事であり，想像力や創造性，また情緒生活を発達させる方法なのです。子どもが，電車セットで遊んだり，農場を並べたり，物語を作って演じたりする時の表情を見ると，夢中で没頭しているのがわかります。遊びはいろいろな形をとりますし，子どもにとって多くの機能をもっています。時には，空想と現実とを区別したり，いろいろな役割を試してみたり，愛情や嫉妬，怒りといった激しい感情に対処するやり方を育てたりするのです。子どもは，しばしば自分の願いや恐怖を人形やおもちゃの動物やその他のものに託して表現します。遊びは，子ども自身の生活上の経験をこなして身につけるための方法なのです。これらの経験とは，分離を心配

したり，迷子になったり，置き去りにされたり，新しいスキルを身につけて大喜びしたり，仲間はずれになる恐怖を感じたり，きょうだいと競争したりといったことです。これらはすべて，この年齢の子どもの遊びに現れるテーマです。ある子どもは，農場の風景を並べて，おもちゃの子羊を「ママとはぐれたの」と泣かせた後に嬉しそうに再会させたり，お母さん豚を囲んで子豚たちがおっぱいを吸いたいとみんなで押し合いさせたりするかもしれません。かくれんぼ遊びは，分離や誰かを「失う」心配をした後に，見つけ出すという遊びなので，この上ない魅力をもっています。幼い子どもは，隠れたあと，見つかるのを待つのが長すぎるときの不安に耐える力が限られているので，長くなりすぎる前にわざわざ「見つけられる」かどうかを確かめることがよくあります。

子どもは，大部分の時間，自分の生活をほとんどコントロールできないので（周りの人の行き来や，きょうだいができるなど），このような遊びは「自分でやる」ためのよい機会になります。子どもは，お茶を入れたり，夕食の準備をしたり，病気の赤ちゃん人形を慰めるのが得意になります。あるいは，家にテディベアの「子どもたち」を残して買い物に出かけたり，仕事に行くふりをしたりします。

空想の世界

3歳を過ぎると，子どもの空想世界は，いよいよ複雑になって，子どもは，自分の作り出したごっこ遊びに夢中になって長い時間過ごすようになります。それは，ひとりの場合もあるし，友達と一緒の場合もあるでしょう。子どもたちは，バットマンやシュレッダー（「ミュータント・タートルズ」の悪の組織フット団のボス）のようなテレビのスーパーヒーローになったり，歌を歌うように話しながらテレタビーズ（英国の子ども向け番組）の国の中に消えたり，お姫様になったり，剣をもった騎士になったり，女王様になったり，妖精になったりします。

魔法の力をもったり，ものすごく強くなったり，不思議な力をもったりす

第1章 子どもを理解する　93

ることは，何と楽しいことでしょう。食べ物は，魔法の杖で出てくるのでお母さんに頼らなくてもよいし，傷はあっと言う間に治り，"悪者"は殺されてしまうのです。小さな子どもが，自分だけでは何もすることができないことや，まだ解決の仕方がわからないことがたくさんあることや，両親に全般的に頼っていることに絶えず気づかないといけないことは，どれほど辛いことなのかを想像してみてください。子どもは，自分の作り出した空想世界を逃げ場にする必要があるのです。その世界では，自分が状況を仕切ったり，とても危険なことに打ち勝ったりする役になれるのです。小さな子どもは，時々空想の世界がどこで終わって現実の世界がどこで始まるのかを理解するのが難しいために，空想の遊びにとても夢中になってしまい，遊びの部分と日常生活とがこんがらがってしまうこともあります。子どもは，両親が夢中になりすぎたり，コントロールしたりしない限りは，自分たちの遊びに加わってくれることが大好きです。遊びがあまりにも怖いものになるようならば，遊びをやめさせてちょっと距離を置くようにして，現実世界に引き戻してくれる大人を，子どもは必要としています。

　チャーリーとティムは庭で，落ち葉をバリバリと踏んづけて走って遊んでいます。チャーリーの兄の6歳のピーターは，自転車をヒューと飛ばしてやって来て，自転車から飛び降りると，二人の小さな子どもに荒っぽく"葉っぱの戦争"を仕掛けます。そしてチャーリーとティムの二人は葉っぱの中に次第に埋められていきました。チャーリーは，山ほどの葉っぱが頭から積まれるとちょっとパニックになったように見えましたが，そこからはい出てくると，ティムと一緒に船に乗っている振りをしました。二人は，母親の助けを借りて，庭箒を船のマストにしましたが，その間に兄は自転車で走り去っていきました。二人の間では，誰が船長になるかをめぐってちょっとした喧嘩があったのですが，母親がそれを解決するのに手を貸しました。二人は，葉っぱの渦巻く「海」を漕いでいたのですが，周りに「たくさんの獰猛な鮫」がいたために船を降りることができなくなりました。お母さんが，お茶の時間だからと彼らを呼んだ時に，チャーリーは，不安そうに「鮫が僕たちの後にいる」ので自分たちを「助け」に来てほしいとお母さんを呼びまし

た。鮫の恐ろしさは，彼には本当のように感じられており，母親に手をしっかりと握ってもらわないと船から降りようとしませんでした。

　小さな子どもたちが怒りや恐怖や憎しみのような激しい感情を経験すると，そうした感情は彼らを圧倒し，たちまちあふれ出てきます。チャーリーは，兄の荒っぽいやり方に怯え，怒りを感じたのかもしれません。おそらくチャーリーは兄に対し攻撃し，嚙みつくような気持ちになったのでしょう。これらの感情は，彼には，あまりにも大きすぎて処理することができず，突然あらゆるところが危険であるように思えたのです。とりわけ，想像上の鮫が，チャーリーの怒りで嚙みつきたい感情の受け皿になったように思われます。彼はまぎれもなく恐怖と不安を感じたのです。

　お茶の時間の後でチャーリーは，「僕もピーターのように自転車に乗りたいんだ」と言うと，彼のお母さんは，自分のに乗ってみたらと言いました。彼の三輪車は彼にはちょっと大きいので，彼は小路を進むのに苦労していました。草の上に来たときには，足がペダルから滑ってしまうので進むのがもっと難しくなりました。とうとう彼は不機嫌になり，お母さんに三輪車を押してほしいと言ったので，お母さんは「いいわよ」と言って，チャーリーの三輪車の前のところを摑んで葉っぱの上を引っ張って行ったのですが，チャーリーは，「後ろから押してよ！」と金切り声をあげました。そこで，お母さんが三輪車の後ろから押してやると，彼は世界を探検しているように颯爽と進んだのです。それは，まるで自分独りでしているかのようでした。あたかもお兄さんのようにです！

　おそらくこの時には，お母さんの助けは彼の視界にはなく，彼は本当に自分で自転車に乗っているのだと信じていたのです。その時のチャーリーは，強く，力があって，怪我やためらいをものともしない大きなお兄ちゃんなのでした。

自分が小さいと感じることと，感情を取り扱うこと

　チャーリーの例に見られたように，子どもが自分には能力があるのだと感

じたり，腕前を見せびらかすことができるようにするために，親は，子どもの付属物や延長のように扱われるのに我慢しなければならないことが時にあります。もちろん，実際よりももっとスキルをもっているのだという錯覚を与えるようなやり方が，子どもにとって，いつも大事だというわけではありません。というのは，このようなやり方は，子どもが新しいスキルを学ぶという誰にでもある時間のかかる過程で，時に骨の折れる過程に耐えるのを困難にするからです。欲求不満の感情に耐えることができず，「知らないこと」は，軽蔑されるような弱さのしるしだと思うような子どもというのは，新しいスキルを学んだり，学校で先生の言うことを聞いたりすることが難しいかもしれません。他の人々から学ぶためには，人は，知らないという「小さな子ども」の感覚に耐えることが必要なのです。

自分の持てる力：僕は何でもできるんだ

　3歳児は，自分のスキルが急速に発達していくのに夢中になり，時には，ものすごい力を自分が持っていると感じます。アンソニーは，ガイフォークス夜祭[訳注1)]の花火大会を見に連れて行かれました。打ち上げ花火が，夜空にパッと燃え上がるのに合わせて，アンソニーは，指揮者のように自分の手を上下に動かし，花火が上がる毎に「僕がやった！」と静かにつぶやいていました。彼は，自分には，華やかな打ち上げ花火を作り出す力があって，大勢の見物人が自分を見つめ，賞賛しているという空想に捉えられていたことは明らかでした。

　子どもは，自分の力に興奮はするのですが，あまりにも多くのことがあり過ぎて，泣き崩れるような時には，しばらくの間，見守り続けてくれる大人を必要としているのです。そのような助けを得て初めて，子どもは再び世界に冒険の歩みを進めることができるのです。

訳注1) 17世紀の故事にちなみ，毎年11月15日に花火を上げ，かがり火をたく英国の風習。

想像上の友だち

　子どもは，自分が仲間はずれにされたり寂しくなった時に，その気持ちを扱うのを助けてくれるような想像上の友だちを作り出すことがあります。たとえば，それは，『くまのプーさん』のクリストファー・ロビンの辛抱強い仲間であるビンカーのような友だちです。

　ピッパは，お母さんが赤ちゃんに授乳している間，一人で遊ぶことが難しいと思いました。彼女は，どこかに行き，しばらくして戻って来て，スーザンと一緒に素晴らしいピクニックに行っていたのだと話しました。母親は，スーザンとは，想像上の友だちだと思い，スーザンは，今どこにいるのかとピッパにたずねました。ピッパは，うきうきしながら，スーザンは，休みでどこかに行っているのだと言い，母親がしつこく彼女の居場所をたずねると，ちょっとあわてました。

　想像上の人物やぬいぐるみの動物たちは，子どもが自分の感情，特に遠くに追いやっておきたい感情をそこに移すのに役立てることができます。たとえば，もしもその子が大きなお姉ちゃんでいようとするならば，暗闇や犬や，うるさい清掃車を恐れる怖がり屋さんは，彼女ではなく，彼女の「友だち」の方だということになるでしょう。

空想と現実の違いを理解すること

　この年齢の子どもたちは，現実や連続性をしっかりと把握する力が不安定で，時には，何でも可能であると信じます。たとえば，ジョシュは母親に「僕が女の子になったら，髪を長くしよう」と言いました。年少の3歳児は，たとえ現実に全く合わなくても，自分の思いのままに自分の世界を形づくることがあります。これは，子どもが非常に不安な状況に出会った時や，日課に変化が起きた時に，顕著になるようです。

　テッサは，少し熱があったので，医者である彼女の母親が仕事をしている間，祖母が彼女の世話をしていました。ティサは，「おばあちゃん，私のお

母さんは，お医者さんだよね，お母さんは，子どもを直してあげるんだよね」と言いました。彼女の祖母は肯き，母親は働いているので，自分が彼女の面倒を見にきているのだと言いました。ティサが，「じゃー，おばあちゃんもお医者さんだよね！」と言うと，祖母は，自分は医者ではないのだと言いました。すると彼女は，「でも」となおも続けて，「おばあちゃんは，ちょっとだけお医者さんだよね」と言いました。彼女の祖母は，それをしつこく否定することはせずに，そのままにしておきました。

　テッサは，母親がいなくて寂しかったので，自分の欲していない現実を処理するやり方を見つけなければなりませんでした。彼女のとったやり方は，状況を変えることでした。つまり，祖母が，具合の悪い時に傍にいてほしい医者のお母さんだとすることでした。

ストレスに満ちた時間に対処すること

　新学期の初めの幼稚園を見渡すと，多くの子どもたちが，妖精のような格好をして，薄織りの羽をヒラヒラさせ，魔法の杖を振りながらやって来たり，警察官のヘルメットをかぶったり，パパのお古のブリーフケースやおもちゃの携帯電話を持ってやって来たりするのを目にします。電話は，その場に一緒にいない両親と情緒的につながっていると感じるのに役立ちます。これらの身の回りの小物は，子どもが自分は特別な力を持っていると想像できるようにするもので，そうしたことは，ストレスでいっぱいになっている時間をやり過ごす助けになります。それらがなければ，子どもは，泣き崩れてしまうかもしれません。

　スージーは，最初の1カ月間，毎日，幼稚園にバービー人形の服装で来ていました。先生が彼女の名前を呼んだとき，「私はバービーよ」と言い，「スージー」と呼ばれると取り乱しました。彼女はその時には，本当にバービーだと信じているかのように見えました。幼稚園の先生たちはこれに対して，どのように扱ってよいのかよくわからないでいました。彼女をバービーと呼んでよいものか，それとも現実に無理やり直面させるべきなのか，確信が持

てなかったのです。両親と話し合った結果，朝の「サークルの時間」までは，バービーでいさせることにし，その後で着替えさせて，スージーに再び「なる」ようにすることに最終的に意見が一致しました。このやり方は，スージーが，幼稚園に落ち着くのに役に立ち，間もなくすると彼女はもうバービーになる必要がなくなりました。

空想上のものについての質問

子どもが合理的に考える力は発達しつつあります。そこで彼らは，作り話に対しては，納得するまで質問をし続けるようになるかもしれません。「抜け歯妖精」は，どのようにして歯を集めるのかとか，「サンタクロース」は，どのようにしてプレゼントを持ってくるのかと疑問をもつでしょう。そこには，実際的な関心と空想とが一緒に織り混ざっているのです。

3歳のローザは，両親に，サンタクロースについて，またサンタクロースはどのようにしてちゃんと煙突を降りてくるのかと質問をし始めました。彼女が質問をやめようとしないので，両親は，彼女は興奮しているだけではなく，この不思議なおじさんが，真夜中に家の中に入ってくるのが少し不安なようだと思えました。そこで両親は，サンタクロースは，「ふりをしている」だけで，本当には，煙突から入っては来ないのだよ，と彼女に話しました。「でもプレゼントはどうするつもりなの？」というのが，彼女の返事でした。ローザにとって，現実の世界と空想の世界とがどのようにぶつかっているのかを，私たちはうかがい知ることができます。つまり，彼女は，心の中にはっきりとある，プレゼントを担いで煙突から降りてくるサンタクロース像をすぐには放棄できないのです。

良心と共感の発達

小さな子どもは，慣れ親しんでいる人物を極端な像に作り替える強力な想像力をもっています。その人物像は，実際にその人の「現実」の姿よりもも

っと完璧かあるいは，もっと恐ろしいかのどちらかになります。この人物像（理想的な，おとぎ話に出てくる親切な魔法使いのようであったり，反対に，恐ろしく，魔女のようだったりします）は，赤ちゃんの頃のごく早期に経験した，この上もなく満足だと感じる経験や，逆に，とてつもなく不快に感じる経験から生じた極端な感情の状態から作り出されます。その人物は，日常生活の「現実」の両親とは確かに似つかないものです。親は，子どもが遊びの中でしている家族の場面を漏れ知って，自分たちが残酷に描かれていることにショックをうけるかもしれません。そこでは，悪いことをした子どもをひどく脅したり，殴っているように描かれていたりするのです。両親は，子どもが遊びの中で描くほど，**現実にも**厳しいのでしょうか？

　想像上のこれらの強烈な像は，一部分は，子ども自身の憎しみの感情がそれを作り出しているのであり，一部分は，攻撃的な考えや行動が罰を受けるに違いないという感覚から作り出されているのです。これが，「罪悪感」が発達する理由です。子どもが，悪いことをしたのを白状することを拒んだり，他の誰かのせいにしたりすると，私たちは，子どもにはまだ良心がないからだと考え，良心が厳しすぎるからだとは考えにくいものです。また，子どもにとって，想像上の懲罰があまりにも恐ろしすぎるために，よく考えて反省することができないのだ，ということも私たちは推測しにくいことです。罪責感を追い払ってしまったり，誰か他の人のせいにする方がまだしも安全なのかもしれません。

　しかしながら子どもの良心は，自分は悪行のために罰せられる**べき**だと告げていて，心の中の声は，実際の両親よりもずっと厳しく許さないのです。子どもは時々，まるで叩かれたいかのように，わざと親を煽り立てます。時折，子どもは，両親が忍耐の限界に達するようにして，厳しい罰を与えるように煽り立てることに成功します。子どもは，罪悪感をもったり，自分が傷つけてしまった損害に動揺するよりも，罰を受ける方がましだと感じるのです。他の人を傷つけたり，危害を加えてしまった後に，子どもが自己処罰の形として，自分自身を殴ったり，頭を壁や何かに打ち付けたりすることが見られますし，一時的には，落っこちたり，けがをしたりといった事故をおこ

しやすくなることがあります。

　その一方で，子どもは，心の中に自分が一生懸命に見習うべく，それにふさわしくあろうとする理想的で立派な両親像も持っています。子どもたちは，両親を喜ばせたいし，褒めてもらいたいのです。何に親が喜び，何に親が不快になるのかを子どもにわからせることは，しばしば，効果的なしつけの方法です。

　もしも子どもが，懲罰よりも理解やしっかりした態度を示してくれる両親を経験するならば，子どもは，両親がしてくれたように，他の人に共感することを学びます。子どもは，自分が腹立ちからとった行動に後悔の念を持ち始め，事態をより良くしたいと願うかもしれません。ものを修理したり，警察官や看護師のような助けてくれる役割の大人に同一化するような遊びは，子どもの遊びの中でも重要なものです。

言葉と会話

　子どもが，言葉を発音しようとしたり，真似したりすることは，いつも周りの者を楽しませてくれます。たとえば，蝶々を「チョチョ」と言うかもしれませんし，まだ十分に発音できない時に作り出したきょうだいの呼び名を，ユーモラスに使い続けるかもしれません。モーリーは，赤ちゃんだったときに，アイスクリームは「ナンカ」という名前だと思っていました。というのは，アイスクリーム屋さんの前を通る時に，いつも両親が彼女に，「何か」欲しい？　と尋ねていたからです。これは，家族の伝説として，言い伝えられてきました。そして，家族の間にユーモラスな絆を作ったのです。

　子どもが，大人びた言葉を使って喜んだり，自分を表現するのに自信がついてくると，目にしたことを，あまりにも遠慮なく話すので，両親が当惑させられるようなことが起きることがあります。リーナが母親と一緒にバスに乗っている時のことです。母親は，リーナが，通路の向こう側にいる老婆をじっと見ているのに気づきました。それから甲高い声でリーナは，その老婆を指さして「お母さん，あの人って大きなイボが鼻にあるわ，まるで私の

『もものき　なしのき　プラムのき』の本の中の魔女みたい，それに黒い靴下をはいているのも同じよ……」この時点で，彼女の母親は，リーナに，静かに話しかけ，他の乗客の邪魔になるからもっと小さな声で話すようにと注意しました。母親は，当惑はしましたが，リーナを叱らずに，その女性に謝罪をこめて微笑みかけ，その場を切り上げました。

　3歳児は，自分で言葉を発明するのが好きで，"ユラユラ"（長い）髪と言ったりします。子どもは，合理的に考える力を活用して，"goodest"とか"beautifulest"など論理的な感じのする言葉を作り出したりします。子どもが，恥ずかしがったり，人前を気にしたりせずに，新しい言葉を自由に使ってみようと思うことは大切なことです。あまりにも厳しく言い直しをさせられた子どもや，失敗することに耐えられない子どもは，自分が正しくできていると確信がもてるまで話すことを拒否するかもしれません。子どもは，話かけてくれて，質問に答えてくれるような大人や友だちを周囲にもつ必要があります。

　言葉は，また，子どもにとって，経験や感情と同じように，自分の周囲の世界を意味づける手段でもあります。子どもが自分の考えや感情を言葉に置き換え，「心の内を話す」ことができる時に子どもの発達は飛躍的に前進します。自分の経験について考えたり，その意味を理解する子どもの力は，言語で表現する能力に現れます。

　子どもがとても混乱したり，興奮したりしている場合，子どもは感情に圧倒されており，走り回ったり，物を投げつけたり，叫んだりといったことで感情を爆発させます。しかし，大人の助けを借りて，落ち着いている時には，子どもは自分の感情を言葉にすることができるでしょう。

　幼稚園のお昼ご飯の時間は，アサフには，苦痛な時間でした。彼の担任は，病気で休んでいて，ある子は，大人の目を盗んで人参を皿からつまみ出していました。代替の先生は，アサフはいろいろな食べ物が混ざっているのが嫌いなのを知らずにいたのですが，その先生は，缶詰の梨の上にヨーグルトをかけてしまったのです。アサフは，椅子から立ち上がってうろうろしだし，大きなサラダのボウルを，何の罪もない他の子の頭の上にひっくり返しまし

た。職員が怒ったのも無理からぬことでしたが、アサフは、強く言われたり、最終通告をされたにもかかわらず、謝ることも、片づけの手伝いも拒みました。アサフはその場を離れ、床に寝そべりました。最終的に、先生はサラダをかけられた子をなだめ、きれいにしてあげた後、アサフのところへ行って話しかけました。

 先　生：怒ってるのかい？
 アサフ：僕をしかればいいさ。
 先　生：君がサラダを投げつけたのはどうしてなの？　怒ってたのかい？
 アサフ：先生が僕を1時間前に怒らせたんだ。
 先　生：え？　僕が何かしたの？
 アサフ：先生が白いうんちをかけたんだ。
 先　生：君はヨーグルトが欲しくなかったの、そうなの？
 アサフ：梨が食べたかったのに。
 先　生：まだ僕に怒ってるの？
 アサフ：僕は先生に抱きしめてほしかったんだ。(先生は、彼の方に近づく。)
 アサフ：今じゃないよ、先生にそうして欲しかったのに先生はしてくれなかったんだ。

　アサフは、自分のショックや怒りの感情をうまく取り扱うことができず、サラダと一緒にその感情を他の子どもに投げつけたのでした。彼は、わかってもらえず、無視されたと感じ、片づけを手伝うようにとの要求を無視することでこの感情を伝えました。しかし、先生が、彼の行動の意味を理解しようと関心を示すと、アサフは、彼の感情を言葉にし、その感情を先生と分かちあうことができました。
　理解してもらえたと感じる経験が繰り返されれば、アサフは徐々に自分の感情を言葉にすることができるようになるでしょう。また他の子どもへのいわれのない攻撃は、なくなっていくことでしょう。

好奇心と質問

　子どもたちの多くは，好奇心でいっぱいで，空間やサイズや距離を探るのに熱心になっていきます。いろいろな素材や音について知りたがり，どうやってそういう音が生じるのかも知りたがります。また，物事のしくみについても興味を持ちます。人間の身体もそのなかに含まれます。つまり，車や機械，それに人間であろうと，内部でなにが起こっているのかをどうしても知りたいと思うのです。アンテナを張り巡らして，大人の会話の断片を取り込み，周りで起きているやりとりを観察し，質問をするのです。

　探索への興味や，世界を知りたがるのは，ある程度子どもの気質にもよりますが，子ども自身や子どもの心が発達していくのに関心を示す両親がそれまでにいたかどうかにもよります。もしも子どもの行動や，コミュニケーションを生まれたときから理解しようと最善をつくす両親がいるとしたら，その子どもは，理解したり，学んだりすることに同じように熱心になるでしょう。このようにして，子どもは，世界についての健全な好奇心を発達させることでしょう。そういった子どもの質問はあけすけで気まずかったりするかもしれません。妊娠や，赤ん坊が生まれることや，両親の性的関係や死ぬことについて，都合の悪いときに聞いてくることもあるでしょう。「私が生まれる前，私はどこにいたの？」といった返答不能な哲学的な質問をしてくることもあります。両親は，このような質問に，十分に答えることも直ちに答えることもできないかもしれませんが，これらの質問がまじめに受け止められ，自分の興味に反応しようとしてくれたと子どもが感じることが大切なのです。

　「何で？　何で？」といつまでも続く質問は，小さい子どもが使う手口で，それによって，会話に留まり，大人の注意を引きつけておいて，競争相手であるきょうだいを寄せ付けないようにしているように見えます。とりわけ少し不安な時に，大人に「しがみつく」手段として質問し続けることもあります。ヴィッキィのおばさんは，一緒に出かけた帰りに，彼女を家に連れて帰る前に，数人の友だちのところへお茶をしに行こうと思いました。この予定

の変更をヴィッキィに伝えると、彼女は「どうして？」と尋ねました。おばさんがその理由を説明すればするほど質問がどんどん増えていくだけの結果になりました。最終的にヴィッキィのおばさんは、合理的な答えを与えることは彼女の助けにならないとわかったので、その代わりに、お母さんはこの変更計画を知っていて、家に帰るとちゃんとお母さんがいることを保証しました。ヴィッキィは、ほっとしました。彼女は合理的な説明に興味があったのではなくて、お母さんに会えないのではと心配していることをおばさんにわかってほしくて、わかってくれるまでおばさんの注意を引いておきたかったのです。

第2章
家族生活

発展していく家族関係

　親や身近な家族や家庭は，3歳児の世界の中心です。子どもは，幼稚園にわくわくして行っているかもしれませんし，時には，あまり知らない人たちと関わることもあるでしょう。しかし，子どもの最も強い情緒的な結びつきは，親との間にあるのです。親と子どもは，すでにこれまで長い歴史を共にしてきていますし，始歩や発語といったいくつかの記念すべきことも共にしてきています。また離乳や，母親が仕事に復帰したとすれば母親との分離といった早期の喪失も切り抜けてきたことでしょう。それは簡単にできた場合もあれば，手こずった場合もあるかもしれません。
　3歳までに子どもは，ある時には母親が好きだったり，ある時には父親が好きだったりすることがあり，両親それぞれに対する感情は，たくさんの変化を経てきたことでしょう。時には，両親というカップルにとても愛情を感じたり，時には，嫉妬して憎んだりすることもあります。もしもきょうだいがもう一人いたとしたら，二人で一緒になって両親に「対抗」することもあるかもしれません。父親と母親が一緒に暮らしていれば，二人がそのとき一緒にいないことがあっても，子どもは，両親が自分とは別のプライベートな関係を持っていて，自分はそれに加われないということを，薄々ではありますが，ある程度は感づいていることでしょう。3歳児は，**両親の関係がカ**

ップルであることによく気づいているのです。子どもは両親の関係に激しい嫉妬を感じもするでしょうし，両親の関係の中から排除されていると気づくようにもなります。もしも両親がソファーに抱き合って座っているとすれば，子どもは二人の間に割り込みたがったりします。

　子どもは，お父さんのような強さや力を持ちたいと切望したり，お母さんのようにおっぱいや愛情や美しさを持ちたいと熱望するので，自分が小さな子どもであり，限られたものしか持っていないことに欲求不満を感じ，イライラするかもしれません。この年齢の（あるいはもう少し前から）小さな女の子がお母さんを追いやって，お父さんを自分だけのものにしたいといった空想にふけることは，全く自然なことですし，また男の子が，あたかも「近づくな，お母さんは僕のものだ！」とでも言うようにお父さんを睨みつけながらお母さんを情熱的に抱きしめるのもまた自然なことです。

エディプス・コンプレックス

　エディプス・コンプレックスという用語は，S.フロイトによって造られたものです。フロイトは，今では一般に認識されている感情パターン，つまり，幼児と異性の親との間に掻き立てられる感情パターンに注目しました。そして，古代ギリシャ神話を基にして，このエディプス・コンプレックスの着想を得ました。その神話では，エディプスが，それとは知らず自分の父親を殺害し，母親と結婚していくさまが描かれています。これは物語通りのことが起きるという意味ではなく，子どもが，異性の親に対して持つ嫉妬深い切望を端的に表したものです。この所有欲は，大好きな異性の親への愛情のために，ライバルを追い払いたい（あるいは，「殺したい」）という願望を子どもに抱かせます。このような感情はエディプス的感情として知られています。これらは，必ずしも意識的な思考ではなく，片方の親を子どもが所有したいと願って取る行動，そしてもう一方の親を排除しようとする試みの背後にある，空想上のイメージなのかもしれません。

　多くの親は，子どもが「僕（私）が大きくなったらお母さん（お父さん）

と結婚するの」と言って片方の親に愛情宣言するのを聞いたことがあります。その時には，その当事者である親はすでに結婚しているという事実は無視されています。排除された方の親は，これに傷ついた感じがし，怒りを感じるかもしれません。このことに対して，次のように考えることが役に立つことがあります。小さな子どもというのは，しばしば**自分**が感じているのと同じ感情を**他者の中**に掻き立てるという方法で行動することで，**自分が**どのように感じているのかを他者に理解してもらうようにするということです。そこでこのような場合，両親カップルから取り残されて独りぼっちだという子どもの傷ついた感情は，「取り残された」方の親に伝えられます。その親は，このような感情を直接に経験することになるのです。子どもの行動は，「排除されるのは，どんなふうな気持ちがすることなのかわかってよ」と言っているように思えます。

　ニコと両親は，いつも日曜日に家族で郊外に出かけていました。これは，家族の一週間のお楽しみでした。暖かい季節になると，彼らは泳ぐために川に立ち寄ることがありました。ニコの母親がひと浴びするために，下着姿になりました。母親が濡れて川から出てくるとニコは走り寄って彼女の胸を触り，物思わしげに言いました。「あー，僕はおっぱいが大好きだ，――お母さんはとってもきれいだ！」と。母親は，「あなたは，私の素敵な可愛い坊やね！」と答えました。帰りの車の中で，ニコは，母親の隣の助手席に座りたいと要求し，父親に向かって「子どもの座る後ろの席に座って！」と命令しました。彼はこれまで前の座席に座りたがったことはなかったので両親は悩みましたが，ベルトのついたチャイルドシートに座るのがニコには一番安全なのだ，ときっぱりと伝えました。

母親の美しさと官能的な感情

　私たちは，母親の裸体の一部分を見て，ニコの情熱が即座に掻き立てられる様子を見ました。それは，乳飲み児の時の，乳房との早期の記憶を呼び起こしてしまったように思われます。すなわち，母親の瞳をじっと見つめ（母

親も見つめ返し）たり，母親の乳房を撫で，暖かいおっぱいでお腹が満たされた時の，母親の美しさに感じ入った早期の記憶を呼び起こしたのでしょう。母親と赤ん坊との親密さのこういった早期の記憶は，子どもの心の内側に残りつづけます。そしてそれは，欲求不満や困難な事態が生じたときに，それを和らげる助けとなります。このような早期の官能的な感情が，湧き起こってきた強烈なエディプス的な感情と一緒になり，ニコの母親に対する情熱を喚起するように結びついたのです。こうしたわけで，ニコは車で母親の席の隣に座りたいと言い張って，父親に取って代わろうとしたのでした。

嫉妬と睡眠障害との関連性

　これらの嫉妬や情熱的な感情が幼い子どもの中で頂点に達すると，子どもに睡眠障害が生じるかもしれません。両親は，自分たちがこれから二人だけの時間を過ごそうとする丁度その時に，それを「察知する」力を子どもが持っていることについて，不満を漏らすことがよくあります。子どもは，そのような時を選んでミルクを要求したり，両親の寝室の戸口に立っていたりするのです。はっきりした理由もないのに夜中に何度も起きる子どもは，両親の行動，特に，もうひとり赤ちゃんを作るような話がなんとなく空気の中にあるようならば，それをチェックするために起き続けている，ということもあり得ます。

　3歳のペニーは，それまでは夜ぐっすりと眠る子でしたが，夜中に3，4回も目を覚ますようになりました。目を覚ます時には，いつもお父さんを呼ぶのでした。この頃，彼女の好んでいた行動は，母親の帽子を被ったり，靴をはいたり，時には，お化粧したりしておしゃれをすることでした。彼女は，一日が終わろうとして父親が帰宅する頃になるとこのように着飾るようだということに，母親は気づきました。ペニーは，母親や，1歳になる弟のドンよりも先にドアに向かって突っ走って行き，お父さんの手を取り，自分が先ほど描いた絵（絵の1枚には，お母さんはとても小さく描かれており，小さな女の子のようです。一方，ペニーとパパは，同じ大きさで手をつないでい

る様子が描かれていました）を見せるのでした。

　ある日，ペニーは，ちょうど父親が帰ってくる時間頃にオシッコをしたくなりました。彼女はジーパンのホックをはずそうと長いこと格闘していましたが，漏らしてしまいました。父親が家に帰ったときには，ペニーは，母親にきれいにしてもらいながら泣きじゃくり，取り乱して父親のことをみようともしない様子でした。

　別の日の夕方，ペニーは，両親に最近描いたばかりの絵を見せました。そこには，三角形や，円や四角形がいっぱい描かれていました。ペニーは，自分の好きな形は円で，一番嫌いなのは三角形だと言いました。寝る時間が近づいてくると，彼女は母親に，母親の結婚指輪をつけたいと頼んだので，母親はそうさせてやりました。ペニーは，以前に宝探しゲームで獲得した別の指輪を，埋め合わせとして母親に渡しました。そうして，父親のところに言って，父親の膝の上に乗っかり手を大きく広げて言いました。「私は，今お父さんと結婚してるの，お母さんはドンのもの，お父さんは私のものよ！」と。

　円は，そのでこぼこのない外周と，途切れることなくどこも同じ，という感じが彼女にとって魅力なのでしょうし，三角形は，三つの角を持ち，「3人だと多過ぎなの！」と叫んでいるように思えるのでしょう。ペニーの両親は，あれこれ考えて，ペニーが夜に起きるのは，彼女が今いる発達の段階と関係があるかもしれないと思い始めました。両親が，この問題について一緒に話し合ったこと，そしてこの新しい行動の背後にある理由について一定の考えを持つにいたったことで，彼女の行動をより理解できるようになりました。両親は，互いに愛情を示しあい続ける一方，彼女の嫉妬を刺激しないように気をつけました。そして，夜は，ペニーに自分のベッドで寝るよう確固とした態度をとり続ける一方，彼女が起きてきたときには，交互に彼女と一緒にいることにしました。やがて彼女の睡眠パターンは，少しずつ改善してきました。

一人で寝ること

多くの子どもは，両親のベッドがこの世で一番素晴らしく一番心地よいと思っています。そのために子どもは，その特別のふとんにくるまって眠りたいと切望することがよくあります。両親のベッドには，子どもがわくわくするような秘密があるのです。3歳のテサは，「大きなベッドね」と言いながら両親のベッドにドサッと寝そべりました。テサの母親は，そのベッドは，ママとパパの二人にふさわしいものなのだと答えました。テサは，「でも私もこんな大きなベッドがほしいの」と言いました。母親は，彼女も大きくなれば，結婚して結婚相手と大きなベッドを持つのだと説明しました。テサは，「そう，トム（彼女の父親）とね！」

テサは，父親を「お父さん」と呼ぶ代わりに「トム」と呼ぶことで，親と子どもの間の境界をぼやかし，おそらく，こうすることでお父さんへの求愛ゲームに勝利するチャンスが増すと思っているように見えます。

子どもは，両親は一緒に寝ているのに，自分は小さなベッドでひとりで寝なければならないことは不公平だとよく不平を言います。テサは，それに続けて「小さな女の子は，一人で寝なければいけないのに，大人は二人一緒なのね！」と言いました。

幼い子どもは，よく公平でないことについて声高に不平を言いますし，食べ物や贈り物，それに，向けられる関心の分配の仕方といった，公平さを巡る問題についてとても敏感です。これは，子どもの能力やスキルが発達してきているにもかかわらず，自分を支持し，養育してくれる大人たちに，依存せざるをえないという事実から生まれているのです。両親の関係は，その中に子どもが入れ込めない関係であるということが，この不公平という感情の源であるのかもしれません。

小さな子どもがこのような感情に対処すること

子どもが両親の性的生活に過剰にさらされると，それがいかに子どもを刺

激し，悩ませることになるのかを意識しておくことは，大切です。両親が互いに愛し合っていることの証拠として，性的生活の領域が存在していることを子どもは知る必要があるのですが，見たり聞いたりする必要はありません。

親は，3歳の子どもと一緒にお風呂に入ったり，裸でウロウロすることに以前よりも慎重になっているのに気づきます。だからと言って，子どもが裸や身体の機能に対して神経質な自意識を持つように促す必要があるわけではありませんが，いろいろなことに子どもは気持ちを掻き立てられ，それに対処できないかもしれないことに，親はよく気づくようになります。父親のいないときに「お父さんの場所で」子どもを寝させることはとても誘惑的です。これは，子どもが本当にお父さんを追い出してしまい（子どもは，現実にはお父さんが仕事でいないことを十分に知っているかもしれなくても）お母さんは今や自分だけのものになったという子どもの空想を刺激する可能性があります。これは子どもと同性の親についても言えますし，一人親の場合にも言えることです。パートナーを失った親と子どもにとって一緒に寝ることは心地よく感じられるかもしれません。しかし，それは，母親のパートナーでいることが自分の正当な場所なのだと空想しがちな3歳児にとっては，混乱を引き起こすものかもしれません訳注1)。

片方の親が物理的にいてもいなくても，子どもが，心の中に両親カップルという考えを持つことは大切ですし，一人親の母親にもパートナーができる可能性があると感じることは重要です。子どもは自分の居場所は両親の寝室ではなく，自分自身の寝室であると知る必要があるのです。もしも子どもが，一人親と一緒に寝続けていて，そこにパートナーがやって来たり，時たま父親が滞在したりするとしたら，その子は，自分の正当な場所を追い出されてしまったと感じてひどい反応を起こすかもしれません。

訳注1) 英国の一般的な白人家庭では，通常，0歳児の段階で，両親の寝室とは別の部屋で子どもは寝るようにしつけられる。したがって，「母親のベッドの隣」は父親にとって代わり，「母親のパートナーになる」という意味合いが強い。しかしながら，我が国においては，3歳児が「母親の隣」に眠る場合が多く，こうした意味合いを必ずしも持たない。もっとも，まるで夫のように3歳児を扱ってしまう場合については，著者がここで述べていることがよくあてはまると思われる。

両親：時には二人だけの時間を持つこと

　どの両親も，自分たちのエネルギー補給をしたり，リフレッシュしたり，カップルとしての関係を育むために，子どもの世話からしばし休憩をとる必要があります。もしも依然として子どもが夜に目を覚ましてしまって自分たちの夜が邪魔されているとしたら，両親は，せめて子どもが眠れなくなっている原因をなんとか見つけようとするでしょう。休養のための保護された空間を両親がしっかりともつようにすることは，両親と子どもの幸せには重要なことです。

　子どもが3歳までに，両親は近親者や友人やチャイルドマインダーに，少なくとも週に数時間，子どもを預けることになるでしょう。そこで子どもと離れて両親だけでしばし休息をとる機会があるかもしれません。これは，週末の間（あるいは，一晩だけでも），喜んで子どもの世話を引き受けてくれる信頼できる人がいるかどうかによるでしょうし，周到な準備が必要でしょう。世話する人がその家族の家に来ることができれば，子どもは，慣れ親しんだ環境そのままで，日常の生活を続けることができるでしょう。この年齢では，子どもは，時間の把握がまだ十分にはできていません。そこで，子どもには，どの日に両親が出て行き，いつ帰ってくるかを明瞭に示す，シンプルなカレンダーの助けが必要かもしれません。子どもが両親の不在をどれほど長いと感じるか，それぞれの子どもの**感じ方**が，実際のところ大事になってきます。とはいえ，2日以上離れるようなことがあれば，あたかも両親が永久にいなくなるように感じ始めます。小さな子どもにとって，短期間の別れは，1週間以上の長い期間の分離よりもしのぎやすいものです。

分離の後の再会

　子どもたちは，両親のいない間は，問題なくやっているかもしれませんが，両親が戻ってくると，少しばかり退行したり，普段よりも元気をなくしたりすることで心の底にあった緊張を表現するかもしれません。親が「ただい

ま」と言うと，子どもは，そっぽを向いて，取り残されていたことへの怒りを示そうと「よそよそしい態度」を見せるかもしれません。子どものこの冷ややかな反応にもかかわらず，親が子どもにやさしくし続け，喜んで受け入れ続けることは大切なことです。このようにして，ほどなく両者の間でわだかまりは溶け，関係は以前のように続いていきます。

　もし片方の親が，（たとえば仕事で）ずっといないようならば，3歳児は，その親が戻って来ても，走って出迎えないかもしれません。親は，逃げて隠れている子どもを探さなければならないかもしれません。子どもはお父さんに探して欲しいのです。そうしてお父さんの方では，誰かがいなくなって寂しいのはどんな気持ちがするものなのか，再び現れてくれるまで待たねばならないのはどんな気持ちがするものか，ということを知ることができるのです。もしも親にユーモアがあって，それをかくれんぼ遊びに変えることができるようならば，親子の信頼は再び確立できます。

　サリマとお母さんは，お茶のためにチョコレートケーキを焼きました。そしてお父さんが仕事から帰ったときにサリマが最初に言ったことは，「私たちはおいしいケーキを焼いたの，でも**パパのはもう残ってないよ！**」でした。実際にはケーキに手をつけてはいませんでしたが，サリマは自分の目的を達成したと言えるのです。つまり，彼女は一日中，父親を奪われて寂しい思いをさせられたのですから，父親も同じように特別な何かを奪われてつらいと感じることは，とても公平なことだったのです。父親はこのことを苦もなく切り抜け，夕食の後にサリマを膝にのせて彼女の好きな童話を読んでやりました。

両親との同一化とアイデンティティの発達

　子どもには，自分自身の気質やパーソナリティがありますが，その多くの部分は，とても強く両親の影響を受けています。ジェイクの母親は，ジェイクが窓ふきをしている人に魅了されたり，食器洗浄機を修理しに来た人とお喋りし，その人についてまわり，一緒にお昼を食べたいと言い張ったりする

ことを話してくれました。ジェイクは，そのような人たちとお父さんを結びつけて考えているように見えました。そして，お父さんであるというのはどういう感じがするものかと想像していたのかもしれません。しかし，ジェイクはまた，母親のことも，とても興味をもって観察していました。

　ジェイクの母親は，ブラックベリーのパイを焼いているところでしたが，ジェイクにもオモチャのオーブンと食べ物を用意してやりました。ジェイクは，母親がするのを見ていたので，テーブルからお茶用のナプキンを取り，そのナプキンで注意深くおもちゃのパイをつまみ上げました。彼は，おもちゃのパイの端っこをつかみながらおもちゃのオーブンの方に歩いていき，オーブンを開け注意深くパイを入れ，タイマーをまわしながら「さあ，パイを中に入れたよ，もうすぐだからね，パイ，パイ，パイ」と鼻歌を歌いました。彼は，テーブルに戻り，「パイの歌」を優しく歌いながらボウルを片づけ始めました。おもちゃの皿をテーブルに置くと，パイができたと宣言しました。彼は，パイが容器の側面にこびりつかないように，おもちゃのパイの縁に沿ってナイフを入れてそれを持ち上げました。おもちゃのパイを容器から滑り出させた時には，心底嬉しい感じがみられました。その様子は，あたかも彼自身の中に「歌いながらパイを作っているお母さん」を取り入れたかのようでした。

　ジェイクは，何度もこのパイ作りの様子を子細に観察していたに違いありません。彼は，母親のパイの焼き方だけでなく，母親が仕事に静かに集中している様子や，なにかよいものを作り出している時の彼女の喜びの感覚も吸収していたように思えます。このような愛のこもった関心を自分の作業に向けることができるようになるためには，ジェイクは，両親や身近な人たちから長い期間にわたって，同じような類の思いやりのある関心を向けられることを経験する必要があるでしょう。このように，彼は，楽しく集中するという母親の性質に同一化することができ，最終的にその性質は，彼の発達しつつあるパーソナリティの一部となるでしょう。この種の幸せな経験を持つことができることや，創造的にものごとに携わることができることを知ることは，彼にはとても役立つでしょうし，人生に対して楽観的な見通しを与える

ことでしょう。少なくとも彼は，物事がうまくいかない時や，日常の欲求不満や混乱に直面した時に，頼ることのできる何かよいものを内側に持つことになるでしょう。

　子どもは，その人から学べて，尊敬できる親の姿を必要とします。いつも子どもから尊敬されるように振る舞うことができなくても，通常子どもは，役割モデルとして用いるのに十分な経験を得ているものです。お母さんをめぐって，お父さんをライバルと感じている小さな男の子は，お父さんができなかったり，失敗をすると勝ち誇った気持ちになることがあります。童話には，無能な（もしくは，ひとりよがりの），頼りにならない両親（あるいは片方の親）が大袈裟に描かれています。これらの本は，ユーモラスで，全能の両親を馬鹿な人物と見て楽しむ，子どものそういった側面に訴えかけます。スタン・ベレンスタインとヤン・ベレンスタインの書いた『自転車の練習』という絵本には，この種の状況が描かれています。そこには，父親熊が，息子に自転車の乗り方を教えようとするのですが，全部間違っているのです。それは，自転車に**乗れない**やり方の練習なのです。

両親が一緒にやっていくこと

　二人の親が，一人あるいは何人かの未就学児の世話をしながらも，うまく一緒にやっていくことは，夫婦双方にとって緊張を強いられることです。二人は，睡眠時間を削ってやっていこうとしているのかもしれませんし，二人で一緒にくつろぐ時間や空間を見つけるのに奮闘しているのかもしれません。小さな子どもは，両親が，よくあるような喧嘩や仲直りを繰り返しながらも，ある程度仲むつまじくやっていると感じられると，とても安心します。両親相互の愛情に嫉妬を感じているようなときに，もしも両親がいつも喧嘩をしているのを見るならば，子どもは不安になります。それは，安全感をなくし，抱えられていないと感じさせます。愛し合うカップルとしての両親に向けられる複雑な感情のために，子どもは，あたかも両親を引き裂きたい自分の願望が，実現してしまったかのように，両親間のまずい「雰囲気」に責任を感

じることもよくあります。

　3歳のパトリックが台所に座っていると，母親が入ってきました。母親は，彼にコートを手渡して，イライラしながら「お父さんのところに行って，お母さんが，コートを見つけたから，と言ってきなさい」と彼に言い，……それから小声で「私はあの人とは口をきかないんだから」と言いました。父親が入って来て，コートはどこで見つかったのか尋ねましたが，母親は答えませんでした。パトリックは，部屋から出て，突然，階段が恐いと言って母親を呼びました。母親が階段を一緒に上ってあげると，パトリックは，母親が「怪我してる」と言い張って母親と一緒にお医者さんごっこをしたがりました。彼は母親をビーズクッションに座らせて，ジーンズをまくり上げて脚を出させました。彼は，母親が膝を怪我した「ことにして」，彼女の膝に脱脂綿に見立てたものを押し当てて，「危険な」注射をして母親を治療しました。

　パトリックは，恐らく，父親に対する母親の言葉を聞いて，両親の間の緊張した「危険な」雰囲気を察したのでした。この大きくて力ある大人がその日は敵同士のように見え，互いに恐ろしいことをしでかすのではと感じたのかもしれません。そうなれば，彼はどうなってしまうのでしょうか？　これが，突然に恐怖を感じた理由なのかもしれません。パトリックは，母親の怒りの感情について，目に見える理由を探そうとしました。そうして，膝の怪我を考え出し，自分が医者で，全部を解決するような役を割り当てたのでした。

親の役割

　親は子育てに，自分自身のやり方やパーソナリティを持ち込むでしょうが，子どもは，両親それぞれが，優しく心地よい人物であり，かつ毅然としていて，けじめをつけることができる人であると感じる必要があります。時に，片方の親が厳しくけじめをつける役を取り，片方が子どもに心地よく優しくする役を取るといった分担が生じます。そうすると，子どもは極端な役割分担に直面することになってしまい，混乱が引き起こされる可能性があります。

もし両親どちらもが，両方の役割を取ることができるならば，片方に頼らずに子どもにどちらの種類の世話も与えることができるために，子どもは安心感を持つことができます。

両親各々が厳格さと優しさの両方を同時に与えられるという両親イメージを子どもが持つようにしようと，一生懸命なカップルもいますが，これが難しいカップルもいます。同様に，一人親の場合，自分の中でこの二つの役割を兼ね備えることができる人もいる一方，厳しい「父親役」と優しい「母親役」を同時に持つことがひどく難しい人もいます。

両親を仲たがいさせること

子どもは，両親を対立させるのにとても長けていて，それによって大人同士の間に強い怒りや騒動が引き起こされることがあります。もしも片方の親が子どもの好きなようにさせ，「甘やかして」いて，もう一方の親が厳しいと子どもが感じているような場合には，特にそうでしょう。もしも片方の親がパートナーから尊重され，認められていると感じているならば，時に起きる苦痛な拒絶のように感じられるようなことも我慢しやすいでしょう。子どもは，一方の親にだけベッドに連れて行って欲しい時期なのかもしれませんが，「選ばれた」方の親は，好まれたことで喜び，密かに自分の方がパートナーよりも勝っていると感じるかもしれません。私たちはみんな，子どもっぽい感情を持つときもあり，子どもの愛情をめぐって競争心を感じるときもあります。好まれなかった方の親は，しばらくの間このような感情に耐えねばならないかもしれませんが，必ずしも子どもの要求を飲む必要はないのです。子どもは，自分がこの状況を収めるのではなく，最後には，両親が収めてくれるという確証を得ると安心を感じます。

互いに尊重し合い，子どものことも尊重し，思慮深く思いやりのある仕方で他者と関わることを示している両親モデルを子どもが持つならば，他者の感情を尊重することについて学びます。もし片方の親がもう一方の親にいつも「やりこめられ」ていたり，けなされていたりすれば，子どもがその親に

同一化するのに影響が生じます。子どもは,「負け組」の方に加わりたくないために,批判や冷笑をもって関わる方に加わらざるをえないと感じるかもしれません。

しつけに関する考えの違い

時には,家族の中でしつけについて極端に違った意見が存在します。片方の親は,厳しいしつけが良いと思っているので,罰を与える「悪者」と思われ,片方の親は,子どもの好きなようにさせるので,子どもを「甘やかす」「弱い」人と見られます。そこに子どもの養育について対立する考えをもつ祖父母が加わるとなると,事態はややこしくなる可能性があります。このように異なったやり方は,混乱を作り出し,小さな子どもを悩ませます。そして,子どもは,世話をしてくれる大人たちから受け取る混乱した種々のメッセージの意味を理解しようとするために,心痛や不安の徴候を示すかもしれません。

3歳のアンドリューは,両親と双方の祖父母に1週間の間,交代で世話をされていましたが,大人たちは皆,彼のしつけに対して極端に異なったやり方をとっていたのです。彼は,頭を打ちつけたり,手に負えない癇癪を起こしたりして,心痛の徴候を出し始めました。

父親は非常に厳格で,アンドリューへの要求水準は,彼の年齢に比して高いものでした。父親が指をただ立てたり,声を荒げたりするだけで,アンドリューは恐がったように見え,直ちにやっていることを止めました。それとは逆に,母親は,彼が何かするのを止めるのを嫌い,アンドリューがリビングの床で彼女のハンドバッグの中味をすっかり出したり,冷蔵庫を荒らすのも止めないので,彼が通った後は,メチャクチャになっていました。母親は,彼を年齢よりもずっと幼い子どものように扱い,彼が泣き叫ぶ時には,行く先々に母親が持ち歩いている柔らかな毛の布の切れ端を彼に与ました。父親は厳格な決まりや日課を要求し,アンドリューが食べようとしなかったり,ベッドに行こうとしなかったりすると彼を罰しました。母親は,食事の時間

や寝る時間を設定しようと思いませんでした。母親は,「そのうち日課をこなすようになるし,まだ,赤ん坊なのだから」と思っていました。アンドリューは,「寝る気になった」時にベッドに行き,時にはリビングで眠りこけて,ベッドに運ばれていったりしたのです。アンドリューは,母親には奔放に振る舞うことができ,遮るものなしに母親に近づく手だてがあると感じており,それと同時に父親のことは恐いと思い,距離を感じていました。世話してくれる人が変わる度に,それぞれ異なった期待に適応する必要があるのなら,彼は,くつろいだり,遊びに集中したりすることはできないでしょう。

　世話の仕方がこのように極端に異なっていることは,どれほどアンドリューを混乱させ,不安にし,その結果,破壊的な行動に至ってしまったかが想像できるでしょう。

競争心を脇に置き,親として協力すること

　サリーとジョンは,3歳のマーチンと一緒にギリシャで休暇を過ごしていました。そして,島を2日間で一周する旅行をするために車をレンタルしました。彼らは,安全そうな美しい砂浜があったので,海水浴のために車を降りました。マーチンは,両親がまだ着替えている間,浅瀬に行って,ボチャボチャ歩きたくてたまりませんでした。お母さんは,この浜辺のことはよくわからないから待ってて,と彼に言いましたが,お父さんの方は,反対で,そのような「取り越し苦労!」を止めるようにお母さんに言いました。二人が言い争いをしている間に,マーチンは海の中に走って行きました。両親は,突然,彼の金切り声を聞き,走って彼の所にいきました。マーチンは,ウニがくっついている岩の裂け目にまっしぐらに走って行き,ウニに刺されたのでした。彼らは,泣き叫ぶマーチンを連れて,最寄りの街に行き,そこで少し英語を話せる医者を見つけました。医者は,踵から棘を抜くために少しばかり処置をしなければなりませんでした。

　サリーとジョンは,緊張し,不安でした。しかし,今はたがいに責め合ったり,「私がそう言ったのに」などと言っている場合ではないのです。マー

チンは，泣き叫び，母親ではなく，父親に抱っこを求めるので，母親は，なにしろあの時に砂浜を初めに調べようとしたのは自分の方だったのに，マーチンがお父さんの方を求めるのはいかに不公平か，といった子どもっぽい感情を抑えなければなりませんでした。医者がマーチンに注射をしている間，ジョンは，マーチンの手を握ってなだめていました。二人は，マーチンの好きなバズ・ライトイヤー［映画『トイ・ストーリー』に出てくるキャラクター］の玩具を持ってきていましたので，サリーは，バズをベッドの足元の方に立たせて，マーチンの足に起きていることについて全部バズに話し，バズに面白く慰めになるような答えを言わせました。マーチンは，混乱していましたが，この苦しい体験にうまく対処することができました。彼は，一緒に何とかしようとする両親に包み込まれ，頭の先からつま先まで両親のやさしい言葉に「抱っこされて」いました。

一人親

　子どもと一緒に住んでいる一人親の大部分は，母親です。自分でそれを選んだ人もいますし，父親との関係が破綻したためにそうしている人もいます。父親と決して会うことのない子どももいますし，父親が生活の中で重要な人物であり続けている子どももいます。子どもが父親と接触する形態と頻度は，両親が，定期的に会いつづけて話し合うことができるような適度に良い関係を維持し続けているかどうかによって大いに異なります。子どもが慢性的な緊張と暴力の雰囲気の中で暮らし続けていた家族にあっては，離別は救いとしてやって来たかもしれず，面会の取り決めは新たな戦場になるかもしれません。

　3歳までに子どもは，家で父親と暮らしている友だちもいるのに気づき，自分の父親がいないことについて，きっと聞いてくるはずです。離別が痛烈だったり，暴力的であったりする場合には，親が別れたパートナーについて自分の怒りや苦々しい感情を顕わにすることなしに有用な情報を子どもに与えるのは難しいことでしょう。子どもは，そのような母親から父親に向けら

れる態度を身につけ，男性全般を恐がり，疑い深くなるようになるかもしれません。子どもは，家族の崩壊について，自分に責任があると想像するかもしれません。もしも自分がもっと良い子にしていて，もっとかわいい子だったならば，きっと父親は家族から去っていかなかったのではないか，と感じるかもしれません。これは，子どもの自尊心に影響を与える可能性があります。両親は，子どもがこの離別に何の責任もなかったのだと保証するのと同時に，この難局について正直であることで子どもの助けになることができます。時に幼い子どもは，別れた親についての考えで頭がいっぱいなるために，幼稚園で，落ち着かなくなったり，集中することが困難になったりすることがあります。それは，特に，面会が一貫しておらず，当てにならない場合にそうなります。子どもは，父親（母親）がやってきてくれるかどうか，いつやって来てくれるのかわからなくなくて，不安になるでしょう。そして，しばしば，養育している方の親は，面会がなくて落ち込んでいる子どもの気持ちを立て直してあげないといけない羽目になります。

　ギャビイは，幼稚園で問題を起こすようになってきていました。彼女は，そわそわして集中せず，「サークルの時間」（園児が，お話を聞いたり，先生と話し合いをする静かな時間）を妨害するのです。父親が幼稚園に迎えに来る予定になっていた日に，ギャビイは，じっとして遊ぶのが難しいようでした。彼女は，飛び跳ねて窓の外を見たり，父親の車を探したりするのです。幼稚園の担任は，近頃ギャビイが長い間工作台で糊付けをしているのに気づきました。彼女は，紙の切れ端を一緒にして貼り付けて，それが引っ張っても離れないことを確かめているのでした。ある日ギャビイは，担任を工作台から離れさせまいと，セロテープで椅子にくっつけようとしました。その担任は，職員会議で，自分が観察したことを同僚たちと話し合いました。同僚たちは，ギャビイが接着剤に興味のあることと担任を椅子に固定しようと思い立ったことは，父親があてにならないことについて彼女が心配していることや，恐らく父親を自分にぴったりと「くっつけておきたい」願いや，約束した時に父親が確実にそこにいてほしい願いと関連があるのではないか，と考えました。おそらくギャビイは，このような感情を言葉でどのように表現

していいのかわからず，幼稚園の担任を使って，重要な人たちが自分のそばに居続けてほしい願望を表現したのです。先生たちは，ギャビイが父親の訪問が不確かだと感じているせいで，サークルの時間に集中できなくなっていることに同意しました。これは，母親にとって難しい状況でした。もしも母親があまり父親に「文句を言う」と，父親は，全く来なくなってしまうかもしれないと感じていたからです。しかし，両親との話し合いで，幼稚園の先生は，ギャビイは，迎えに来てもらえるかどうか，また何時に迎えに来てもらえるのかと不安に思っていることを強調しました。すると，この後から父親は，時間に間に合うように，あるいは，もし遅れるようならば幼稚園に連絡するように前よりも努力しました。やがてギャビイは，穏やかになり，幼稚園の活動に安心して，以前よりも集中できるようになりました。

第3章
家族の中の新しい赤ん坊

家族全員にとっての変化

子どもをつくるのを決めること

　もうひとり子どもをつくるかどうか，それをいつにするのかを決めることは，必ずしも簡単なことではありません。暴君だったり癇癪をおこしたりする時期にさしかかった，やっかいな3歳児と格闘している親は，「もう一人子どもをつくるなんて夢にも思わないわ，この子だけで十分だわ！」……「この子がいてそんなことはできないわ，この子は今でも十分嫉妬深いんですもの，赤ちゃんができるともっと厄介なことになるだけだわ」とよく言います。それとは逆に，もう一人赤ちゃんをもつことについて，「この子のためよ，赤ちゃんができると一人っ子ではなくなるわ」と言う親もいるかもしれません。今いる子どもの行動や必要性を基にしてどうするのかを決めるのは，いずれにしても子どもに負担をかけることになるかもしれません。

　小さな子どもたちは，意識的には気づいてないかもしれませんし，言葉にすることはできないかもしれませんが，新しい赤ちゃんについて複雑な感情をもちやすいのです。たとえ，実際にはまだ赤ちゃんがいなくても，子どもは，赤ちゃんのことを考えているかもしれません。たとえば，友だちの母親

が，赤ちゃんを産むのを知っていて，自分の家庭でも同じことが起きるのではと思うかもしれません。時々子どもは，両親に対して挑発的な行動をとったり，互いに対立させたりして，両親の仲を引き離そうとするので，両親は口論になったり，性的な関係をもったりする雰囲気でなくなってしまうかもしれません。しかしまた，自分が赤ちゃんができるのを邪魔してしまっていると感じるならば，子どもは，心配にもなるかもしれません。空想と現実を区別する子どもの能力は，増してきてはいるのですが，ストレス下にある時には，混乱して自分の影響力がものすごく強いと思ってしまうかもしれません。もしも両親が，もう一人赤ちゃんをもつことを自分たちだけで決めるならば，子どもは安心するかもしれません。というのは，健康な赤ちゃんが生まれてくると，子どもは，自分の力に限界があることや，結局のところ，自分は，まだ大人に重要な決定を任さねばならない小さな子どもだということがはっきりとわかるからです。このようにして，子どもは現実と空想を分けるよう手助けされることになるのです。反対に，悲劇的にも赤ん坊が死産であったり，障害を持っていたり病気であった場合，赤ちゃんを傷つけたり，追い払ったといった空想の確証を子どもに与えることになり，自分には破壊する力があるのだ，といった信念に子どもは怯えることになります。子どもは，自分自身の願望が強い力をもつと思い，罪悪感や不安を感じているものです。親がこのことを認識して，子どもに理解と慰めを与えてあげれば，子どもは安堵するでしょう。

中　絶

　時に親は，さまざまな理由で中絶を決めることがあります。親は子どもには直接には言わないでしょうが，子どもは，雰囲気や会話を通して，お母さんに何かが起きたのだとか，赤ちゃんの喪失に関連する何かを感じ取る可能性があります。

　親は，子どもの思いがけない行動や，普段には見られない行動が心配になり，専門家の助言が必要だと思う時があります。英国では多くの子どもの相談機関は，5歳以下の子どもと家族のための特別のサービスをしており，そ

こでは，家族が元のようになるのに十分なだけの短期の相談や，子どもと夫婦同席の面接をしてくれるでしょう。

　ネビル夫人は，ダレンを5歳以下の子どものための相談機関に連れて行きました。というのは，彼が突然どもったり，口ごもったりするようになったからです。私が二人に会った時，母親は疲れていて抑うつ的に見えました。ダレンは，おもちゃで遊び始めましたが，長くは落ち着いていることができませんでした。彼は，走って母親のところに行っては，母親の袖を引っ張りながら「マ，マ，ママ……し，し，して……ぼ，ぼ，ぼくが……」と切迫した感じで，つっかえつっかえ言葉をしぼり出していました。彼は，母親を自分の方に来させようとしたり，遊んでいるのを見させようとしたりしているように思えましたが，母親は関心をもつような雰囲気ではありませんでした。私は，ダレンがおもちゃの動物で遊んでいるときはどもっておらず，母親の注意を得ようとしている時にだけどもっているのに気づきました。私は，母親に，他に何か特に気になっていることがあるのではないのかと尋ねました。というのは，ダレンが，母親の注意や関心を得るためにこんなにも苦労しなければならないことに慣れていないように見えたからでした。ダレンの最近出てきたどもりは，早口で喋って母親を強引に引き止めたり，自分に耳を傾けさせたりする彼のやり方かもしれないと，私は考え始めました。それが，母親を抑うつ的な気分から引っ張り出して，彼女の注意を留めておく彼のやり方だったのです。

　ネビル夫人は，自分が妊娠していたこと，しかし経済的にも気持ちの上でも4人目の子どもをつくることができないと思ったので，夫と二人で中絶を決めたのだと私に話してくれました。私たちが，このことを話し合っている間，ダレンは，「ママゴリラ」を取り出し，そのゴリラに，赤ちゃんチンパンジーをプレイテーブルから強烈に蹴落とさせました。私たちはこれについて話し合いました。そして，私は，ネビル夫人に，ダレンが赤ちゃんチンパンジーの遊びで私たちに見せてくれたたように，ダレンは，赤ん坊を追い払うという考え（たいていの幼い子どもたちの心から払拭できない考えです）を持っていたのかもしれないと示唆しました。もしこれが，親が望まない子

どもたちに対してすることならば，次には自分が蹴飛ばされる番だと彼は恐くなることでしょう。これが，彼の吃音の理由であり，彼が言葉を長く引き延ばすことで母親にぴったりとしがみつくやり方の理由なのでしょう。ネビル夫人は，これはもっともなことだと同意し，ダレンは，最近自分に以前よりもしがみついてくるので，自分は安心してシャワーさえもさせてもらえないのだと付け加えました。数回の面接をし，その面接でもダレンは，動物を使って同じような場面の遊びをし，母親と私は一緒に話し合いました。その後，彼の吃音はなくなりました。

妊娠のニュース

家族の中に赤ちゃんが生まれることは，3歳児のだれもが持っている多くの葛藤を強めます。彼らは，時には依存的な小さな赤ん坊のように感じたり，時には全く大人のように感じたりするのです。親は，生まれてくる赤ちゃんのことを，子どもにいつ言おうかと悩むこともよくあります。もし，あまりにも遅すぎるならば，子どもは，誰か他の人から聞くでしょうし，あまりにも早く知らせると，長い間待たせることになるでしょう。もしも子どもが，特定の性の赤ちゃんを欲しがってきたのならば，親が前もって赤ちゃんの性別を知るようにしないかぎり，早くどちらか知りたがる子どもの扱いが難しくなるかもしれません。ともかく，幼い子どもたちの好奇心や想像力は，この重大なニュースによって刺激されます。

3歳のサマンサの両親は，妊娠のことを聞いたときの彼女の反応と，赤ちゃんがどのようにできるか短く説明をした時に「じゃあ，どうして見に来るように私を呼ばなかったの！」と大声で叫んだことに，かなりびっくりしました。彼女は，数週間のあいだ，両親から目を離さず，いつもの寝る時間になるとしぶしぶベッドに行き，夜のある時間になると決まって，眠れないと言いながら階段をそっと降りてくるのでした。彼女は，自分のいない間に両親が何をしているのかと気がかりで，それを知りたいと思っているのだ，と両親は最終的に悟りました。両親は，サマンサに，彼女が夜に自分たちを調べるためにやってきているように思えるということを話し，夜，少しの間だ

け一緒に起きていても良いことにしました。

　このような時に，サマンサは，囲いを作り，「お母さん」馬を中に入れ，そして，注意深く，「赤ちゃん馬」をお母さん馬にくっつけて置きました。彼女は2つ目の囲いを両親の座っているソファーの後ろに作り，そこを「たくさんの赤ちゃんたち」（おもちゃ箱から赤ちゃんの動物を選んで）でいっぱいにしました。両親は，彼女の遊びを興味深く眺めながら，サマンサが，一対のお母さん馬と子馬を除いて他の赤ちゃんの動物たちを隠して見えなくしたことについて話し合いました。多分，彼女は，両親が家を多くの赤ちゃんで一杯にしようとしているので，自分には十分な関心を向けてもらえないのではと心配していたのです。もしも両親に双子や三つ子ができるとなれば，赤ちゃんであふれかえってしまうといった子どもの空想を確証することになるでしょう。

　この年齢の子どもは，大人の会話をとても熱心に聞き，大人が考えているよりもずっと多くのことを吸収します。大人は，子どもには「理解できないだろう」と推測したり，遊びに夢中なので聞いてはいないだろうと思って，子どものいるところで，非常に私的なことや子どもには不適切なことを話したりします。これは間違っています。時に子どもは，自分たちには意味のわからない会話の断片や，話の端を聞き取ります。子どもは，このような現実の部分的な真実や，ゆがんだ情報を聞くと混乱し，不安になります。

　トビイの母親は，一人親なのですが，最近，新しい内縁の夫であるクリスとの子どもを妊娠しました。トビイは，母親が友人にこの妊娠がどれほど「思いがけない事故」であり，「災難」であるかと話しているのを漏れ聞きました。トビイは，いつもは，母親が外出する時にはベビーシッターと一緒に楽しく過ごしていたのですが，その日の夜に，母親と外出するためにクリスがやって来ると，ヒステリックになり，母親にしがみつきました。母親は，トビイにまだ妊娠のことを話していなかったのですが，トビイは，お母さんがクリスと外出している間に「事故」に遭うのではないかと恐れていたのだ，と後に理解しました。

どうして赤ちゃんはできるの？

　子どもは、どのようにして赤ん坊ができるかについてあらゆる類の空想をもっており、それは、普通、自分自身の身体の機能と結びつけて考えられています。この年齢の子どもは、自分の口に関連すること、たとえば、嚙みつく、嚙み砕く、食べる、飲み込む、話す、叫ぶといったことや、尿や便といった排泄物にとても興味をもっています。特に大人が一般的に「お母さんのお腹には赤ちゃんがいる」と言うので、赤ちゃんを作るのにも、食べたり排泄したりするのと同じような方法が用いられる、と子どもが推測するのは当然だといえましょう。シルビアは、幼稚園のお昼ご飯の時にしゃっくりをするようになり、クラスの子どもたちに、自分のお母さんはたくさんの空気を飲み込むことで赤ちゃんをつくり、「それで、赤ちゃんは、げっぷで出てきたのよ！」と言いました。

　ピートは、「精子が卵子と出会い」、「赤ちゃんは特別な道を通って生まれる」と教えられてきていたので、この教えられた知識を食べることと排泄することを基にして、彼流に作り替えました。彼は「お母さんの胃の中で、精子は卵子と出会う」と考えました。つまり、精子や卵子が母親の口を通って行くという、神秘的な方法を見出したのです。「特別な道」とは、結局そんなに特別なものではなく、おしっこかうんちの出るところなのです。幼い子どもは、性的な行為を概念化する能力をもっていないため、事実をはっきり教えてあげたと思っている親は、子どもの空想に驚かされることがあります。

きょうだい：親しみと嫉妬

年下のきょうだい

　3歳の子どもにとって、新しい赤ん坊の誕生は、非常に衝撃的なことです。しかし、年上の子にきめ細やかな扱いをしてやることで、その子は、その衝撃から回復し、赤ちゃんが自分に際限なく注いでくれる賞賛を楽しめるようになります。子どもの感情は、一日の中で移り変わるために、親は、二人の幼い子どもたちの要求のそれぞれに応えてあげたり、二人ともに気を配った

りしなければなりません。若い家族の生活では，よろこんだり，嫉妬したり怒ったりするうちに一日が過ぎていくものなのです。

　3歳のジョシーが庭で遊んでいると，生後10カ月になる妹のサラが，庭に面した引き戸に鼻を押しつけて，部屋の中からジョシーの遊びを見ているのを見つけました。ジョシーは，大喜びでニヤッと笑って飛び上がり「ガラスに鼻をグニャッと押しつける」遊びをサラと一緒にやり始めたのですが，サラの授乳の時間になってしまいました。

　ジョシーがうろうろしていると，母親が，「童謡の本を見ましょうね」とサラに言う声が聞こえたので，ジョシーは，すぐに大きな農場のパズルを床に広げ始め，「私はこのパズルがしたいの」と言いました。するとママは，「サラのためにお馬さんをみつけましょうね」と言って，一緒にパズルのピースを取ってサラの前に置きました。ジョシーは，突然，サラにもたれかかり，両手でサラの背中を押しました。サラがしくしく泣くので，母親は「サラから離れなさい」とジョシーに言いました。サラはパズルの箱の方に行きましたが，サラの手が届く前に，ジョシーは箱をひったくり，「玄関に持って行こう」とぶつぶつ言いながら持ち去りました。サラはジョシーの後をついていったので，ジョシーは，サラの腕をギュッとつかんで強くしめつけました。サラはとても悲しげに泣き叫び，母親がそれを慰めにやってきました。母親が，サラを膝の上に載せたので，ジョシーは大声で「お母さん，トイレ！」と叫びました。そこで母親は，ジョシーの世話をするために，再び立ち上がりました。

　ジョシーは，サラと一緒に楽しんで遊んでいたのにもかかわらず，授乳と，それに続く親密な時間の間，妹が母親の関心を独占するのが耐え難かったのです。ジョシーは，追い出されてしまったように感じ，サラを強くしめつけることで，あたかもサラをすっかり消しさろうとしているかのような自分の感情を表しました。

子どもたちそれぞれのニードに応えてあげること

　3歳のアネカと友だちのピートは，戸外で家を作ろうとしていました。そ

して，家に仕立てるために庭のテーブルの下にもぐりこみました。柔らかなマットレスが必要だったので，アネカは手伝ってほしくて母親を呼びました。しかし母親は，赤ちゃんに授乳している間は邪魔をしないように言ったので，彼女たちはこっそりと二階の両親の寝室へ行き，両親の真新しい白い掛け布団をひきずり下ろし，それを泥の地面の上にベッドにして広げたのです。彼女たちはアネカの人形を全部集めて，布団の隅に広げ，そこで人形たちにコップで「授乳」し始めました。その授乳遊びはどんどん乱雑となり，人形の「赤ちゃんたち」は，鳥用の水鉢で荒っぽく髪を洗われました。

母親はミルクと泥のシミのついた布団を見たときにぎょっとして，怒鳴りつけそうになりました。何とか激怒するのを抑え，子どもたちに向かって，あなたたちは，自分のものではないものをすっかりだめにしたのだ，と伝え，彼女らの行為が，どれほど母親を動揺させ，失望させたのかをはっきり示しました。アネカは，「お父さんに言わないで」と嘆願しました。といっても，父親がこれまでアネカに特別厳しかったということもありません。母親は，お父さんに内緒にしておくのはよいことではないと思うし，お父さんはそのことをそんなにひどく怒らないだろうと思う，と言いました。母親は家の中に入って少しばかり泣きました。そして，夫が帰って来てから，アネカについて話し合いました。アネカが，授乳している母親と赤ん坊のカップルからのけ者にされたという感情に対処できないことは明白であること，自分の行動に対する責任の重荷を負うことはできないこと，について話し合ったのです。母親は，アネカにも関心をもっているのだ，と保証してあげなければならないでしょうし，それぞれの子どものニードにできる限り応えてあげなければならないでしょう。

この両親は互いに支え合うことができ，子どもの遊びをユーモラスなものとして見ることさえできました。もしも子どもたちが，母親に関心を向けられることがない場合，子どもたち自身が代わりに**母親や父親**にならなければならなくなるでしょう。その夜，その日の出来事が話題に上った際に，父親はアネカに，汚した布団を洗濯機に入れるのを手伝うように言いました。自分の与えた損害を修復するためにできることがあることや，そのことをきち

んと表立って言われたことで、アネカはホッとしたように見えました。両親はイライラしていたものの、アネカが予想していたような激しく処罰する父親は、彼女の内的な空想世界のものであることが確証されたのです。母親と父親は、不快ではあるけれども深刻すぎはしないこの状況に、協力し合いながら対処したのです。

年上のきょうだい

　3歳児にとって、年上のきょうだいがいることは、時に傷つけられることもありますが、同時に見返りも大きいものです。年上のきょうだいたちは、年下の子どもよりも多くスキルを持っているのは事実なのですが、これは、欲求不満を起こさせることにもなります。しかし、子どもは、あこがれの兄や姉のスキルを獲得しようとするので、それはまた、発達するための刺激にもなりえます。もしもきょうだいが同性であるならば、競争はより激しいかもしれません。というのは、同性の赤ん坊が生まれると年上の方の子どもは、異性の赤ん坊の場合よりも一層、自分の座を取られたと感じるかもしれないからです。しかし、それと同じくらい、やがては、共通するものをたくさん持つかもしれません。ティムは、サッカーの技術のほとんどを兄のジョーから学びました。そしてジョーは、ティムの小さいときにドリブルのやり方をティムに教えたことをとても自慢にしていました。そしてティムは、学校に行く年齢になっても運動に興味を示し続けていました。ジョーのサッカーチームは、ティムを自分たちのマスコットにし、彼は、試合の前に鼻高々でピッチの上を走りました。どのくらい年が離れているかで違ってくることもあります。たとえば、年子の子どもたちは、ほぼ対等のようなので、分かち合うことをめぐっての緊張が特に高まるでしょう。

　もしも年齢差が大きい場合には、年上の子は、遅くまで起きていてよいとか、大人びたテレビの番組を見てもよいというような特権を見せびらかすかもしれません。年上の子は、遊び場で仕入れた遊びを教えたりするなど、いろいろなやり方で年下の子に役立つことをするかもしれませんし、大人びたおもちゃや、年上の友だちや、ジャンクフードを教えるかもしれません。年

上の子は，親のようにうるさい存在にもなるかもしれません。年上の子は，自分の特権的な立場を楽しみはするのですが，親がもつような共感や配慮を欠くこともあります。年下の子にパズルの手助けを頼まれても，年上の子は，年下の子がパズルを置く位置を自分で見つけるように手助けするような忍耐をもつよりも，むしろその位置にパズルのピースを置きがちです。年上のきょうだいは，いろいろなものが混ざり合って入っている豊かな宝箱です。そして，年下の子は，一人っ子や長男・長女とは非常に異なった経験をして成長します。

　どのようにきょうだいがつき合っていくのかは，その子らの気質にもよりますし，年上の子の内面の安定や忍耐強さがどれくらいあるのか，また，どの程度弟や妹を「押さえつけたい」気持ちがあるのかにもよります。こういった性質は，年上の子自身の赤ちゃんのときの経験がどのようなものだったのかにもよりますし，自分の中にある子どもの感情や赤ちゃんの感情が親に受けいれられていると感じているかどうかにもよることでしょう。そうした経験や感覚があると，年上の子は，きょうだいの赤ちゃんを許容しやすくなります。親は，きょうだいの関係がうまくいくように手助けしてあげられることがたくさんあります。それは，年上の子にあまり多くのことを要求して「責任者」にしないようにしたり，下の子のための雑用をあまり多くさせて不満を持たせないようにすることです。年上の子が，責められるのはいつも自分なのだ，と思ってしまわないように注意することで，きょうだい間の緊張を和らげることができます。年下の子が，兄や姉を挑発するのがとても得意で，兄や姉が責められるようにしたりすることもあるからです。「でもこの子はまだ3歳だから，わかるわけないわ！」の決まり文句は，年上の子どもたちが最も嫌がる言葉です。自分よりも下の子の方が不当に得をしていると年上の子は感じることが多いため，このような親の関心の向け方への不満は，一般的にみられるものです。

　弟や妹をもつと，楽しいこともあります。手のかかる弟や妹がつきまとってきたり，何でも真似したりするので，年上の子は不平を言うこともありますが，弟や妹をとても誇りに思っていて，庇うこともよくあります。時にき

ょうだいは，親や大人に対抗する同志として，「結託して悪さをする」のを楽しみます。

　テッドは壁に落書きをしたので，デザートのアイスクリームを取り上げられて二階に行かせられました。そのとき，姉で5歳のジェニーは，テッドに代わりのチョコレートをそっと持っていってやりました。ジェニーとテッドは，旅行中，周りに遊び友達がいないので，いつも砂浜で一緒に楽しく遊んでいました。二人は，ある日の午前中，大きな砂のお城を作って過ごしました。テッドは，砂を濡らすために水の入ったバケツを運んで楽しそうにしており，ジェニーは，お城の壁を貝殻や旗で飾っていました。お城の完成間近にテッドは言いました。「僕とお姉ちゃんはお城に住んでいるよ。だけど，お母さんとお父さんは外にいなきゃいけないんだ。」それに対してジェニーも「もちろんそうよ。さあお堀を作りましょうよ。私たちがいいよって言うまでお母さんたちが入って来れないようにね」と熱のこもった様子で言いました。彼らは，きょうだいカップルであることの威力を味わっていました。そして，彼らを排除することもある両親というカップルに対して，二人が共通にもっている複雑な感情を遊びで表現していました。

　彼らは堀を作り始め，城壁を作るのに指の間から茶色の泥砂をしたたらせました。テッドが「ウンチだ，ウンチだ。ほら，お姉ちゃんのお尻から出てきた」と笑うと，「ちがうわ，それはテッドのお尻からだわ！テッドはまだオムツでウンチしてるでしょ」とジェニーは言いました。

　テッドは，トイレでうまくウンチができないことを思い出して顔をそむけたのですが，お城のあちこちに泥の大きな「ウンチ」を落としているのにジェニーが加わると，じきに興奮してクックッと笑い始めました。

　この年齢の子どもは，身体の機能や排泄物にとても興味があります。トイレに関するユーモアやそれに関連した排泄にまつわる言葉に，子どもは興奮してゲラゲラ笑ったり，ふざけたりします。時に「互いに攻撃し合ってしまう」かもしれない年上のきょうだいたちは，第三の立場の者，つまり自分たちよりも年下のきょうだいを標的にして力を合わせたりします。

　クリス（3歳）とスー（1歳半）との間の対抗心は激しいもので，いつも

喧嘩が起きていました。一方，生後6カ月の赤ん坊のハリーは，母親の膝の上から面白そうにその様子を眺めていました。ある日，ハリーが眠っている時に，母親は，ドールハウスで静かに熱中して遊んでいる二人に近づきました。母親にとって面白かったのは，彼らは，赤ちゃん人形に「ハリー」と名前をつけて，「ハリー」をおもちゃのトイレに頭から突っ込むのを楽しんでいたのです。彼らはお互いの立場の違いをなしにして，力を合わせて赤ちゃんを追い払う遊びをしていたのです。

よく話し合うこと：友人との会話

　親には，経験を分かち合う親仲間，共感的に耳を貸してくれる人，別の視点を提供してくれる人が必要です。自分たちのことを気遣ってくれる友人との会話は，親が自分の心の内で物事を整理する助けになりますし，それは子どもが理解されたと感じるのを助けることにもつながっていきます。この節では，友人同士である二人の間で，マックスという3歳児について数カ月の間交わされた会話を描写していきます。それは，新しい赤ん坊が生まれてくる頃に小さな子どもをもつ親が一般に経験する，喜びと滑稽，心配や問題に光を当てます。

　これから母親の妊娠に対するマックスの反応について，母親と友人が話し合っているのを聞いていきましょう。マックスは，赤ん坊の誕生で自分が排除されるのではないかと心配し，その気持ちを何とかしようとしている状況なのです。出産の予定日はマックスの4歳の誕生日近くだからといって，事態は変わるわけではないのです。誕生パーティーの詳細な様子も話されます。パーティーでは，大勢の子どもたちとプレゼントを分け合ったり，ろうそくを消したりすることで興奮し神経質になっているマックスがいます。幼い子どもたちは性欲をもっているのだろうかという疑問が起こります。子どもたちは性に目ざめているのでしょうか？　こういったことや多くの問題を友人と共によく考えることは役に立ちます。

　ベティとケイトは，学生時代からの友人で，ずっとつきあいがあります。

第3章　家族の中の新しい赤ん坊　135

ベティは，夫のガイと3歳のマックスと郊外の村に住んでいます。ケイトは，シングルマザーで，同じく3歳のピパと，赤ちゃんのロブとロンドンに住んでいます。二人は，3歳児との日々の経験を共有するために定期的に電話やメールのやりとりをしています。ベティにはもうすぐ2番目の子どもが生まれる予定で，3歳のマックスにはそれが辛いことだとベティにはわかっています。2番目の子どもの誕生前後の3カ月間にわたって，マックスと家族にとって，興奮するものの，ストレスの多い時期のことを，この二人の友人たちは話し合っています。

赤ちゃんがやって来ることに備える

ベティ：昨日の晩のことだけど，マックスは，私たちが屋根裏から揺りかごを引っ張り出すのを見てたの。それから彼はリビングに姿をくらましたんだけど，そこからドンとかガチャンという音がしきりに聞こえてきたの。どうやら，マックスは動かせる家具は全部動かして，部屋の模様替えをしていたみたい。私たちはマックスがするようにさせていたの（家具は子どもの危険防止仕様だったし）。けれど，しばらくして戻ってみると，部屋に入ることができなかったのよ。マックスが，ドアにバリケードを築いて，私たちは閉め出されたの！　ちょっとうろたえたけど，最後はリビングになんとか入れたわ。これって，どう思う？

ケイト：自分が赤ちゃんの時に使っていたものを，生まれてくる赤ちゃんのためにあなたが出すのを見て，マックスは気が動転したんじゃない？　多分，すべてのことが突然とても現実的に感じられてきたのだと思うのよ。そういえば，お腹の中で赤ちゃんが動いているのをマックスに見せようとした時，マックスは見ようとしなかったってあなたが言っていたでしょ。多分，彼はこれまで，お腹には本当は何もないんだって自分に言い聞かせることができたのでしょうね。私たちが，ピパのベビーカーをロブのために出してきて準備していた時に，ピパは最初それを蹴って，それからよじ

登って中に入って，夜にはそこで眠りたがったのよ！　あの子は，空っぽのベビーカーが次の赤ちゃんに引き継がれるのをただ待っているとは，考えたくなかったのだと思うの。

ベティ：そうだったのかもね！　私たちが，リビングの中に入れてもらおうとして，ドアの外に立っていたら，マックスが赤ちゃん言葉でペチャクチャ喋っているのが聞こえたのを今思い出したわ。

ケイト：でもリビングの模様替えはどういうことかしら？　それって謎ね。ひとつ思いついたのだけど，マックスは，赤ちゃんのために自分の生活全部が並べ替えられてしまうのではないかと感じているんじゃないかしら。だから，そうよ，あの子は，あなたたちのリビングの家具を並び替えて，**あなたたち二人に彼がどんなふうに感じているのか思い知らされようとしたんだわ**。つまり，混乱して，どう理解してよいのかわからなくなって，家族の中で自分の居場所がどこにあるのか心許なくなる気持ちをね。自分がされたのと同じように，あなたたちを部屋から閉め出したのよ。あなたたちが勝手にことを進めて，彼に無断で赤ちゃんを作ったことに気を悪くしたんだと思うわ。そして，赤ちゃんがやって来たら，自分は蚊帳の外に追いやられてしまうのではないかと心配しているんじゃないかしら。だから彼は，あなたたちふたりを，リビングから閉め出したのよ。そうされたらどんな**気持ちになるのか**，よくわかったでしょ。

ベティ：ウーン，興味深いわね……あの子はきっと，自分がどんなふうに感じているのかを知らせているのね。もしもあなたの言っていることが正しくて，彼が行動で自分がどんなふうに感じているのか私たちに感じさせようとしているのなら，あの時マックスは，ちょっと怒っていたにちがいないわ。だって，私たちは，あの子に対して怒っていたし，困惑しながら長い時間過ごしたように思うわ。あの子は，そんな気持ちでいることをわかってほしいと思っているのかしらね。正直言って，あの子は今とてもやっかいなの

に，そこに下の子が生まれてきたら，やっていけるか自信ないわ。

赤ちゃん用品を物置から取り出してくることは，3歳児に，とても複雑な感情を搔き立てるでしょう。自分が忘れられていないことや，なおざりにされていないことを再度保証してあげる必要があるかもしれません。3歳児は，赤ちゃんの頃の自分の映っている写真やビデオに関心を持つようになるかもしれません。また，自分が赤ちゃんの時どんなふうだった，と際限なく質問をするようになるかもしれません。子どもの目から見ると，自分がすでにいるにもかかわらず，親がなぜもう一人赤ちゃんを欲しいと思うのかが理解できないのです。赤ちゃんが生まれた後よりも，生まれる前に想像して待っている時期の方が緊張は大きいのです。というのも，家族の誰にとっても，どうなるかわからない不確かなことというのはストレスが大きいことだからです。さらに，子どもというのは，赤ちゃんと一緒の生活を，実際よりも悪いように想像することが多いからです。

早起き

ベティ：昨日は典型的な朝だったので，実はお昼ごろまでちょっと泣いていたの。

ケイト：何があったの？

ベティ：うん。あの子は6時に起きてきたのよ。その時間は起きるのには早すぎるから，寝ている時間だと前から決めていたんだけど。あの子は，抱っこしてもらいたくて私たちのベッドにこっそり入ってきたのよ。それからトイレの中まで私について来て，いつものように私の膝に乗るって言い張ったのよ（彼は，全然うまく膝に乗れないし，本当に不快なの）。私は，あの子に7時まで遊んでいるように言って，彼の部屋に連れ戻したの。あの子が，自分の部屋の時計を読めるのはあなたも知っているでしょ。でも今度は，私に一緒に遊んでほしがったのよ。私はキスをして，7時にまた

会いましょう，と言ったの。あの子は，また私たちの部屋までついてきて，私の頭に頭突きをし始めて，私をベッドから引っ張り出して彼の部屋に連れて行こうとしたの。……これがずっと続いたので最後は，あの子を連れ出してドアを閉めて，ベッドに戻ったの。ガイの方は何ともない顔しているから，彼にもものすごく腹が立ってきたの。

ケイト：そういうこと，よくあるわよね！　でもね，ベティ，私だったら自分の子どもがトイレの中までついて来て，膝の上に乗ったまま**なんて我慢できないわ！**　あなたには，安心してトイレに行く権利があると思うわ。そうしなさいよ。たとえ，初めの2回くらいは癇癪を起こしたり，ドアを叩いたりしても，彼は何とかできると私は思うのよ。ガイに彼を連れて行ってもらうようにしなさいよ！マックスの目から見ればね，お腹の中の赤ちゃんがあなたから決して離れないのを不公平に感じているにちがいないと私は思うのよ，赤ちゃんは，どこに行くのもあなたと一緒，トイレも含めてね。それだから，余計に彼はあなたにしがみつくようになっているんじゃない？　私が妊娠した時，ピパは，抱っこを求めては，私の服をまくり上げて，服の中に這い上がって来ることがあったわ，まるでもう一度お腹の中に戻りたいみたいにね。

ベティ：あなたが言うとおりだと思うわ。でもそれを全部いっぺんにマックスにやらせるエネルギーがなかったのよ。（その朝の戦況報告は続く）マックスは，私たちの部屋のドアを「今すぐ開けてくれ」って言って，積み木でドアを叩き始めたの。私は起きて，「そんなに叩くと怒るわよ，自分の部屋に行って7時（あと，たったの15分間）まで遊んでいるならドアを開けたままにしておいてあげるわ」とあの子に言ったの。最後にはあの子は部屋に戻って，10分間遊んで，7時きっかりに私を呼びに来たの。私はもうすっかり疲れ果てていたわ。

親に怒りをぶつけること

ベティ：一階に降りてから，マックスは**大きな瓶**の牛乳を飲むと言っていたんだけれど，私は反対して，結局，朝食が食べられなくならないように小さな瓶にしよう，ということで話が決着して，リビングに入ったの。マックスは牛乳の瓶を持って，私はお茶を持ってね。私はあの子に朝食を与えて，繕い物を取り出したの。あの子は，私のしていることを見ようとうろうろして，手伝うことがないのか聞いてきたわ。私は，「糸を切ってくれたらいいけど，先に朝食を食べてからね」と言ったの。マックスはわかったとは言ったけども，鋏を持ってくる，と言ったの。私は無視していたんだけれど，しばらくしてあの子は，こっちに戻ってきて，何を切ろうかと見ていたの。そして，あの子が何をしようとしているか私が気づく前に，あの子は，私が繕っているガイのベストに鋏を入れてしまってたの。私は**すごく腹が立った**わ！　ていうか，はっきり言って，これって普通なのかしら？

ケイト：あのね，ベティ。もちろん彼は普通よ。彼は今，苦しい時期を過ごしているのよ。赤ちゃんを待っている時期って辛いのよね。どんなことになるのだろうかと心配なのよ，多分あなたと全く同じようにね。赤ちゃんが生まれてしまえば，彼は落ち着くと思うわ。少なくともガイにとっては災難ね。マックスはきっと，ベストをちょっと切るどころではなく，切り落とすことを想像していたんだと思うの！「オチンチンを切り落とせ」ってことね，そうしたら，ガイはもう赤ちゃんを作れないでしょ，確実にね。ともかく，彼が自分の憎しみを今，あなたたち二人に向けて出すのは，後で赤ちゃんに向けるよりもずっと良いと私は思うわ。

ベティ：ありがとう，気持ちが楽になったわ。きっとあなたの言っているとおりだと思う。かわいい私の坊やを誤解するところだったわ。あなたに言ったかしら。このあいだ，マックスは，とても大人っぽい声で，「やさしいお母さんがいなくなっちゃって，やさしく

ないお母さんだけしかいないのは，とっても悲しい」と言ったのよ。そして，やさしいお母さんはどこに行ったのか知ってるかと聞いてきたの。だから私は言ったの，「やさしいお母さんは，やさしいマックスと一緒にいなくなっちゃったの。そして，やさしいマックスが戻ってくる時に，やさしいお母さんも戻ってくるでしょうね……！」って。

家族の生活で差し迫った変化が起きるときに，悲しい思いを経験するのは，上のきょうだいたちだけではありません。親もまた，上の子どもたちが親に裏切られたと感じることに罪悪感を持ち，さらに，上の子たちから拒絶されたりや排除されることを恐れるかもしれません。この強烈な感情は，新しい赤ちゃんがやってくるのに備える中で，家族の一人からもう一人へと伝わっていくことがあります。

気持ちの荷下ろしをすること

ベティ：ところで，続きがあるんだけど……私は2階に上がってガイに報告したの。彼は，1階に降りていって，チョッキ（実際は古いもので，それほど大切なものではなかった）のことを聞いてどれほど頭にきたのかをマックスに話したの。そして，もしマックスの服が切られてもマックスは平気なのかと尋ねたの。そしたらマックスは大声で，いやだ！と言ったのよ。私が幼稚園に連れて行く支度をしている間ずっと，マックスは1階を歩き回っていたの。彼は，とてもごきげんのように見えたわ。でも私はといえば，ぼろぼろに疲れ切っていたの。

ケイト：それって私がさっき言ったことを証明しているのではないかと思うの。つまりマックスは，あなたたち二人に向けて，気持ちの荷下ろしをする必要があるのよ。彼が，あなたたち二人をまんまと怒らせて，彼の怒りの気持ちをあなたたちに引き受けさせた途端に，とっても軽やかな気分になったのだと思うの。

ベティ：そうね，そうかもね，正直言って，私はあの子を絞め殺してやりたいくらいだったわ！……私は，あの子に靴を履くよう声をかけて，早く朝食を食べ終わりなさい，と言ったの。でもあの子は，もうお腹いっぱいになった，って。私は，食事のことで同じレベルで言い争いが続かないように，このことを問題にしなかったの。マックスがガイに，「いってきます」を言ったとき，ガイは，もう一度チョッキのことでどれほど頭にきているのかをマックスに話したの。それから，私たちは外に出て車に向かったわ。ガイに言われたとき，マックスは，「ごめんなさい，もうしません」（私たちは本気にはしてないけれど）と言ってから，時々泥棒の服は切ることがあるかもしれないけど，と付け加えたの（彼はしょっちゅう物語／空想の世界を出たり入ったりしているの）。

ケイト：マックスは，「悪者」を必要としているように思えるわ。彼は，自分の人生をめちゃくちゃにした責めを誰かが負うべきと思っているのよ。それで，想像力を使って，自分の気持ちを遊びで表現しているんだわ。ピパは私に，手錠をかけて牢屋に送ってやる，ってしょっちゅう言ってたわ。だから私は，これってかなり一般的なことだと思うの。

ベティ：ええ，マックスもいま，私をとても見下しているのがはっきりしているの。このあいだは，「首だ！」って言われたもの。（笑）

幼稚園に行くこと

ベティ：車の中でマックスに言ったの，幼稚園に着いてもいつものようにしばらくそこにいてパズルを一緒にするつもりはない，って。だって私はとっても頭にきて怒っているから，って。彼は文句を言ったけど，そのことは受け入れたように見えたわ。幼稚園に着くと，彼は幾分落ち着いていて，シートベルトをしたまま動かないの。私は彼にドアを開けてあげたのだけど，そのことで彼はとても怒って，またドアをバタンと閉めたわ。最後には自分でドアを

開けたけど，降りてくると，ジャンパーで私を叩いたの。こんな調子がずっと続いて，あの子は私が頼むことすべてを拒否するのよ。それに教室に向かって歩いている間，私を蹴ったのよ。私は彼に言ったの。もう我慢するつもりはないし，もしあなたが機嫌を直さないなら，ちょっとの間でもここにいるつもりはないからね，って。キスとハグだけはしてあげるけれど，帰るわ，と言ったの。すると彼は，私に抱きついてきて，残ってパズルをしてくれるように頼むの。私は彼に，そんな気分になれない理由を思い出させて，キスをする最後のチャンスを与えたの。彼は折れて，窓の方に行って手を振ったのよ。私は，そんなふうに彼を置いて行ってしまってちょっぴり悪い気がしたの。だって私が去るとき，あの子はとても小さく弱々しく見えたから。でも私は，このキリのない駆け引きはとっても疲れることだと思うわ。

ケイト：それってヘンよね？　ある時は，子どもって自分がその場を仕切っていると思っているけど，次の瞬間には，親がとても必要になっちゃうんだよね。あなたのお願い全部を彼が拒否したのは，パズルを一緒にしないというあなたの「拒否」と関係していたとは思わない？　私が想像するには，彼は実のところ，あなたをさんざん攻撃したり殴ったりした後で，あなたが迎えに戻ってきてくれるのか，それともそこに置いてけぼりにしてしまうのかをとても心配していたのだと思う。それでマックスは，なかなかあなたを離せなかったのかもしれない。もしもあなたが，幼稚園と家とを分けて考えて，家で起きたことを幼稚園に持ち越さなかったなら，どうなっていたでしょうね。彼は，幼稚園に着いた時，本当にあなたを必要とし，あなたに慰められたかったのだと私は思うの。ロブが生まれたときにピパは，おもちゃの携帯電話を幼稚園に持っていくと言い張ったの。それは，私が迎えに来なかったときに，電話して私に知らせるためですって！

ベティ：たしかにそうね。たぶんあの子は，私がなんとかあの子から距離

を置いて休みたいと思っているのを感じ取っていたんだわ。幼稚園の先生たちは，幼稚園ではうまく過ごしていると言うの。幼稚園では，「良い」マックスをやり続けていて，家では，最悪のマックスって言うわけ！

子どもの性的な感情

ベティ：ケイト，私は，この年頃の子どもたちにも「性生活」があるのではないかと思い始めているの。というのは，マックスが熱烈な「性愛」を育んでいるようにはっきりと思えるの。あの子，幼稚園のローズマリーと言う名の小さな女の子についてよく話すのよ。彼女の髪は「ユラユラ」（長い）なんですって。それと，あの子は，テレビの『Hi-5』の司会者のチャーリ（人なつっこい顔と長い金髪でとても可愛い）が好きなのよ。自分の赤ちゃん人形にまでチャーリと名前をつけているの。

ケイト：あなたの髪の毛も同じような感じなのだし，驚くことではないんじゃない。だって彼はあなたのこと大好きでしょ。

ベティ：ええ，そうね，そこに何かあるかもね……マックスは私のこと大好きだし，側に来ては，私の髪をやさしく撫でたりベタベタとキスをしたりするの！　でもちょっと聞いてよ。ある朝マックスは，私に言ったのよ。チャーリが「一番きれい（beautifulest）」って。それで私は，「お母さんが，一番きれいでいたいな」と言ったの。マックスは，ちょっと考えて，それから言ったの「お母さんは一番素敵（loveliest）だ，って言うのはどう？」って。私は思ったの，（自分の洗ってない髪とか年とかを）よく考えてみたら，それってかなりもっともなことだなって。あなたは，この年齢でも，子どもたちがある種の性的感情を持っていると思う？

ケイト：ええ，私はそう思うわ。あなたは，マックスが赤ちゃんの時分，おむつ替えの時に勃起しているのを見たでしょ？　私は，甥のロジャーもそうなったのをよく覚えているわ。それまでは女の子を

見ていたので，とっても驚いたの。

ベティ：それを聞いて，去年の夏の旅行の時の面白いできごとを思い出したわ。私たちは，ガイの姪と甥と一緒に屋外プールに遊びに行ったの。子どもたちは一日中水着で大騒ぎして走り回っていたわ。マックスは，泳ぎ方を教えてくれていた10歳のジェスという姪と一緒にいてごきげんだったの。マックスは，ジェスのことをどんなに好きかって，後で私に言い続けていたの。そこで，ジェスのどこが特別に好きなの，って私が聞くと，彼は「彼女のボインとオケツ」って答えたのよ。私は実際のところ，ちょっとショックだったわ。私は，女性の性的な部分のことなんて全くのタブーで育ったし，それを言葉にして言うなんて問題外だったわ。だから私は，マックスには，身体についてとてもオープンにしようと思うの。でも，あの子が女の子の体をあんなふうに思っているなんておかしいわ。それとも深読みしすぎかな？

ケイト：実際にそうなのだから，否定はできないわよね？　確かに，素敵な母親に対する彼の愛情と「ユラユラ」髪のかわいい女の子に惹かれることとが混じり合って，3歳児にとっては影響が大きいようね。少なくともあなたの目の下のしわに，誰かさんは気づいていないんだわ！

ベティ：ところで，彼の誕生パーティーがもうすぐやってくるの。そこで彼が，ローズマリーを招待するよう頼んでくるかどうか，私は興味があるの。彼は，もう歯医者さんも含めて近所の人たちの半分を招待しているのよ。このパーティーがみんなに気に入られる大きなチャンスだと彼は思っているみたい。特に歯医者さんにはね（歯医者に最近行った時に，彼はお利口さんではなかったので）。

親にとって，子どもが性的感情を経験することを受け入れたり，乳児期から触覚や嗅覚などの感覚を刺激されることで，性的感情が目覚めてくるのだ，ということを受け入れたりすることは難しいことです。おむつの交換や入浴

の時に男の赤ちゃんが勃起したり、小さな女の子が性器のあたりを擦っていたりするのは、よく見る光景です。しかしながら性の目覚めは、必ずしも性器が中心ではなく、性的な興奮は、口腔や、口唇的な活動、それに一般的な身体活動を通して表現されます。

　マックスが自分のパーティーに誰もかれも招待するのは、興味深いことです。なぜなら、赤ちゃんがやってくる日が近づいているので、自分が除け者にされるというテーマが明らかに彼の心の中に真っ先にあるからです。マックスは取り残された人たちと同一化しており、だから皆を招待するように言い張るのでしょう。もしも彼が、周りの誰かとうまくいってないと感じているとしたら、今度のパーティーは関係を修復するチャンスでもありますし、ちょっと怖い人たち（たとえば歯医者）と仲よくするチャンスでもあります。

　3週間後……

誕生パーティー

ケイト：パーティーに行けなくなってごめんなさい。でもピパにまだ水疱瘡の斑点が残ってたの。パーティーはどうだった？

ベティ：そうね、マックスには、もしも赤ちゃんが急に生まれるようならば「すぐに」別な日にパーティーをするからね、と言ってあったの。……幸いなことに、そうはならなかった。準備は楽しかったんだけど……でも実際のパーティーについては……ちょっとひどかったの、正直言って！

ケイト：期待しすぎだったのかしら？

ベティ：多分ね。それはプレゼントで始まったのよ。マックスは、プレゼントを積み上げておいて、パーティーの後で開けるんだと言ったの（彼はどこかでそれを見たことがあった）。私は、すぐにそれを開けてお礼を言うのがもっと盛り上がると思うと言ったの。そしたらマックスはわかったと言ったの。私はそう決めたことを今ではどれほど後悔してることか。彼が最初に開けたプレゼントは、電動歯ブラシだったの。

ケイト：マックスはきっと大喜びね。
ベティ：次のプレゼントは，拳銃と拳銃ケースで，あの子はとても喜んだわ。そしてほかの子と一緒に，手当たり次第に撃ちながら走り回り始めたの。この暴れ回ってる最中に，一番おとなしい幼稚園の友だちの女の子が到着したのだけど，その子にぶつかって，その子が倒れそうになったの。彼女は，泣き叫び始め，帰らないで，って母親のスカートにしがみついたの。別の子も，泣き始めたのよ。だってマックスと彼の「一味」がその子をむりやり「悪者」にして牢屋に入れるって脅したんですもの。マックスは，もらった銃をダグラスが家に持って帰ろうとしているのだと思って，彼の髪の毛を引っ張ったの。……あなた，この光景が目に浮かぶかしら？
ケイト：もう十分！
ベティ：最後の子がやって来たので，プレゼント交換ゲームをするために座ったの。でも皆少しむっつりしているように見えたの。それで私は，想像していたような雰囲気ではないのが心配になり始めたの。たぶん，私もプレゼントをけちり過ぎたと思う！　宝探しをして，走り回って，それから私は，食事にしようと思ったの，でもマックスは涙を浮かべて，食事に加わるのを嫌がったの。最後にはしぶしぶテーブルについたのだけど，たくさんは食べなくって，私の所に来て抱かれてばかりいたのよ。
ケイト：彼は，興奮しすぎたんじゃない。たぶん，あまりにたくさんの子どもたちがみんな**彼の**おもちゃで遊びたがったので，ちょっと怯えたのだと思うわ。彼は，その日何かを分け合うことについて特別に感じやすくなっていたんだと思うの。だって，新しい赤ちゃんが，彼の誕生日にやって来るかもしれないし，自分の誕生日の影が薄くなるんじゃないか，って心配になっただろうし。新しい赤ちゃんと**自分**の誕生日を分け合わなければいけないと想像してね。

ベティ：もっともなことだわ，だって分け合うってことは，確かに難問だもの。我慢の限界がケーキの時に来てしまったのよ。私はみんなを呼んだの，そしたらマックスは，ケーキをみんなで分け合いたくないと言ったの。誰かがロウソクの火を吹き消すのではないかって心配だったみたい。私は，気持ちはわかるといったようなことを言ったんだけど，そのことには取り合わなかったの。だってケーキは，宝箱のデザインをした愛情の結晶だったのよ。夜遅くまで起きて飾りつけしたのだから，なしって言うわけにはいかなかったの！　ロウソクに火をつけて，みんなで「ハッピー・バースデイ」の歌を歌ったの，そしたらマックスは，やりたくなかったんだ，と文句を言ったの。ありがたいことに，親御さんたちが，子どもを迎えに来始めたの。マックスは，ちゃんとお別れを言って（まるで彼らが帰るのを待ちきれなかったかのように），それから風船を自分で渡すんだって言い張ったの。大勢が帰ってしまうと，彼は元気になって最後に残っていた子と一緒に満足気に遊んだの，これって思っていたよりも穏やかな結末だったわ。ね，来なくてよかったでしょ？

ケイト：本当に大変だったようね。マックスは分かち合うことは難しいことだとわかりつつあるところだと思うの。みんなが「ハッピー・バースデイ」を歌った時，まるで自分の誕生日が乗っ取られたように感じたのではないのかしら。去年，ピパの誕生日に一人の子が，ピパのロウソクの火を吹き消してしまって，ピパはひどく打ちのめされていたのを思い出したわ。新しい赤ちゃんがすぐそこまで来ているから，彼は「誕生日」というものに特別過敏になっているんじゃない？　結局，年を重ねれば重ねるほど，ますます新しい赤ちゃんのためにあきらめることが多くなるのですもの。来年には，二人ともっと大きくなっているから，少しはよい誕生日を過ごせると思うわ！

いつもの生活パターンとは違うイベントは、たとえ、それが、非常に楽しみで、ワクワクするようなものであっても、幼い子どもを混乱させるでしょう。そのイベントが、家族旅行や、動物園へのお出かけや、パーティーであろうと、準備の時間をたっぷり取ることで、そのイベントがうまくいくことが多くなります。その準備や期待は、時には、イベントそのものの光を失わせることもありえます。あまりにも多くの競合するアトラクションがあると、子どもは、圧倒されるかもしれませんし、手に負えなくなるかもしれません。大勢の人たちの中に入ったり、満員電車に押し込まれることは、幼い子どもにとっては恐ろしいことでしょう。そんな場合、大人は道を良く知っていて、その状況をなんとかしてくれるものだ、と子どもが安心できることが必要です。

赤ちゃんがやって来る

ケイト：おめでとう、やったわね！それに女の子だって。男女ひとりずつね！マックスは赤ちゃんが生まれてどんな風なの？

ベティ：想像していたよりもうまくいっていると言わざるをえないわね。彼は、赤ちゃんをとても自慢していて、ある日私に言ったのよ。彼は赤ちゃんが本当にほしかったんだって。それってまるで自分が父親だと思っているみたいだわ。彼は、大人が赤ちゃんに話しかけるのをとても楽しそうに真似して、赤ちゃんに話しかけるの。「かわいい子……とってもかわいいね……そうだよ、君のことだよ」ってね。そして、赤ちゃんが疲れているのか、お腹が減っているのか、お兄ちゃんに抱っこして欲しいのかを推測して楽しむの。あの子は私に時々腹をたてるのよ、でも幸いなことにガイが前よりも家にいて、マックスと一緒に過ごしてくれているの。たぶん彼が仕事に戻ったら、ちょっと大変になってくるでしょうね……でも、赤ちゃんがマックスのレゴの模型をいじくって壊してしまったりするまで、まだ数カ月あるわ。

ケイト：赤ちゃんが生まれて、マックスはほっとしているようね。妊娠中

は熱心じゃなかったけど。ロブが生まれたときに私たちは，ピパを本当にちやほやするようにしたのよ。それに「赤ちゃんから」のプレゼントをあげたりもしたの。それは，彼女の部屋に置くカセットテーププレイヤーでね，ピパはとても気に入ったようよ。それはともかく，私は，二つプレゼントを郵便受けに入れておいたわ．一つは赤ちゃんのジョーに，もう一つはマックスにね。マックスのは，「ぼくは**大きなおにいちゃん！**」って書いてあるTシャツよ，彼が気に入ってくれると良いけど。

ベティ：ありがとう，完璧だと思うわ。彼は，「大きなおにいちゃん」だと思うことが好きなの。またジョーと彼とが一組だっていう考えもね。彼は私に言ったの。自分とジョーは，一緒に私の「おなか」の中にいて，**彼**が先に生まれてくるように二人で決めたんですって！　このあいだ，あの子，あることについて**自分**が正しいって言い張ったんだけど，その理由が，私の「おなか」に一緒にいる時にジョーが彼にそう言ったからなんですって。二人は，大きくなれば強力な同盟を結びそうだと私は思うの。

ケイト：確かに，私たちは皆，この世界の中で味方を必要としているわよね！　あなたと話せて本当に楽しかったわ，ベティ，じゃーまたね。

第4章
怒りに上手く対処する

怒りと攻撃性

　私たちは，生きていくためにある程度の攻撃性が必要です。健全な程度に自己主張できることは，個性と決断力が出てきた徴候なのです。それによって子どもも大人も自信を持って社会に出ていくことができるようになるのです。コントロールを失った過剰な敵意は，それとは別のものです。それは子どもの遊び場においても，酒場における大人にとっても同じことが言えるでしょう。小さい子どもは，彼らの世界での最も重要な人，つまり親に対して，後には友達や先生に対して怒りに満ちた敵対的な感情で一杯になることがあり，相手を傷つけたり，殺したりすることを空想するかもしれません。子どもの空想が攻撃的になればなるほど，彼らが恐れているモンスターや他の恐ろしい生き物がやってきて，反対に自分たちを攻撃してくるのではないかと怖くなっていきます。それは特に夜ひとりになった時に起こるでしょう。時に，自分の攻撃的な衝動を抑えられず，他の子どもに嚙み付いたり，蹴飛ばしたり，殴ったりすることもあります。やがて，大人からの手助けを得て，子どもは自分の感情を，遊びを通して表現し，更にその感情を言葉にする方法を見つけます。子どもは，想像上の武器，棒切れの銃，おもちゃの剣，おもちゃの動物など，自分の感情を遊びで表出するのに使えるものは何でも使います。

マークは妹のルーシーのそばで遊んでいました。ルーシーは彼に背を向けて座っていて，母親とお城を作っていました。彼はおもちゃのワニを手にして，その口を開け閉めして，自分の口からはパクッと嚙みつく音を出しました。彼はワニをルーシーの服の背中に「嚙み」つかせました。母親は，彼に妹を傷つけるのをやめるように言って，おもちゃの動物で遊ぶように言いました。彼は自分の農場セットの中から子豚全部とお腹の袋に赤ちゃんカンガルーを入れた母親カンガルーを取り出しました。彼はワニの口の中に一つずつ赤ちゃん動物を入れて，それをテーブルから床に落とし，「みんな死んだ」と言いました。最後に「死んだ」のは赤ちゃんカンガルーで，ワニは母親のカンガルーの袋から赤ちゃんを引っ張り出して，何度かムシャムシャ嚙んで，他の動物と同じように床に投げつけました。母親はそれをずっと見ていて，時々「かわいそうに。赤ちゃんたちは，本当にひどい目にあっているのね」と言っていました。

　マークは妹を実際に傷つけるのをやめると，彼女に向けた攻撃的な感情をいくらか遊びで表出しました。母親は彼の遊びの乱暴さにかなりショックを受けていましたが，過剰に反応したり，止めたりはせず，その遊びに関心を示しました。子どもは安全で包容してくれる環境の中で，遊びを通して自分の空想をいくらか表現する機会を与えられると，他の人を傷つけたり，危害を加えたりすることが少なくなるようです。

　夕食のとき，マークは少し落ち着いたようで，「ワニは夕食に草を食べるのかな？　僕は食べると思うんだけど」と両親に質問しました。彼はどこかではワニが肉食であること（人間さえも食べること）をおそらく知っていたのでしょうが，そのように考えることは，昼間にした遊びを思い出すと恐ろし過ぎたので，ワニを草食にすることで事を収めようとしました。

過剰な攻撃性

　時々，子どもは過度に攻撃的になって，親を攻撃したり，おもちゃを壊したり，他の子どもたちを傷つけたりすることがあります。親は3歳の自分の

子どもをコントロールできないと感じるかもしれません。こういった場合に，親が，5歳以下の子どもと家族のための専門家のサービスに援助を求めることがあります。このような家族と会うと，その問題が長期にわたって存在していることにたびたび気づかされます。もし母親が何らかの理由で抑うつ的であったり，他の問題で頭が一杯であったりすると，母親は赤ちゃんのために「そこにいる」ことができず，普通の母親がするようなやり方で，その都度変わっていく，赤ちゃんのニードについて考えてあげることができません。赤ちゃんの中にはいつもむずかっていて，決して満足しない，世話するのが難しい子もいます。この難しい関係によって，赤ちゃんが「過剰に自立」して，身体的な能力を発達させると，手助けなしでもあちこち動き回れるようになる場合があります。母親に注意を向けて欲しいと思ったり，わかってもらおうと思うとき，こういった赤ちゃんは，大きめの声で叫んだり泣きわめいたり，強めに蹴るといった習慣も身につけるでしょう。彼らは要求を聞いてもらえるためには大騒ぎを起こす必要があると思っているので，注意を惹こうとする行動がよちよち歩きの時期まで続くかもしれません。これがある子どもたちに見られる多動や攻撃的な行動を説明する場合もあるでしょう。親は，このような困難をいつも自分たちだけで解決できるわけではなく，地域の子どもの精神保健のためのクリニックに援助を求めることもあります。パンセックの両親も，パンセックが母親を攻撃することが心配になって援助を求めました。

　パンセックは人生のスタートから困難がありました。母親は彼を妊娠しているときに，自分の母親を病気で亡くしました。出産は困難なもので，パンセックは母乳を飲むことも容易ではありませんでした。親戚はやや離れたところに住んでいたので，ほとんどサポートを受けられませんでした。手のかかる最初の数カ月の間，母親は亡くなった自分の母親が恋しく，悲しんで，落ち込んでいました。母親はパンセックが泣くのに耐えられなくて，別の部屋に行って，彼を長い間泣かせたままにしていました。両親は彼への対応でいつも意見が一致せず，けんかになりました。パンセックは身体的にとても早く成長し，生後8カ月には歩けていました。実際，彼はいつも動き続けて

いるようで，助けを求めることはほとんどなく，2歳になる前には自分で服を着て，ご飯を食べていました。彼は父親と同様にバイクに魅せられるようになり，父親の大きなバイクのヘルメットをつけて家じゅうをいばって歩くようになりました。それはまるであらゆる危険に対して身構えているかのように見えました。

彼はすごいかんしゃく持ちで，母親が止めようとするといつも母親を蹴ったり叩いたりしました。彼が母親を攻撃すればするほど，母親は，自分が母親として失敗していると感じるようになりました。母親は，彼と一緒に居て楽しいと思えるのは，彼が病気か眠い時だけだ，と友達に打ち明けました。というのも，添い寝しているときは，パンセックに必要とされていると感じるからでした。パンセックが早期の不安や失望に対処するやり方が，赤ちゃんとしてのニードを放棄して，屈強で脅迫的な外見を発達させることであるかのように見えました。

彼は失望に対して上手く防衛していて，欲求を表に出さないように決めていました。両親はパンセックに制限を加える上でお互いにサポートし合うことが難しかったので，彼は自分がしたいことをするのを誰も止めることができないというメッセージを受け取っていました。そのため，彼は不安になり，家でさらに乱暴になりました。なぜなら，絶えず動き続けることが不安に対処するための方法だったからです。彼は飼い始めた子犬も残酷に扱い始め，機会があれば蹴っていました。おそらくその子犬はパンセックの心の中の赤ちゃんを表していたのです。この時期に，パンセックはハエやハチへの恐怖が出てきて，ブーンという音がすると慌てて家の中に入るようになりました。この恐怖は，母親にしてきた攻撃と結びついているのでしょうか？　おそらく彼は自分の攻撃によって母親と母親の中にいるまだ生まれてもいない赤ちゃんを傷つけてしまったと空想していました。そして，彼は傷つけたものがみんな彼に仕返しに攻撃しようと待ち構えていて，ブーンと怒りを向けてくるのではないかと恐れていました。

家族全員との面接が始まりました。それは，パンセックの不安の意味について一緒に考え，彼がより受け止められていると感じるように手助けをする

には，親としてどのように協力し合うのが良いのか考えるために開始されました。

かんしゃく

「魔の2歳児」という話はよく耳にします。特にその時期に子どもが興奮，恐れ，激怒といった激しい感情を示すようになるからです。しかし，子どもが3歳の誕生日を迎えたからといって，魔法のように区切りがつくわけではありません。誰もが時には怒りますし，怒りの感情の表現の仕方を学ぶことは，子どもの発達の上で重要なことのひとつです。たとえば，親が子どものすることを拒否したり，活動を止めたりした場合，子どもは怒りの感情をいつも言葉にできるわけではないので，小さい子どもは激しい怒りにすぐに圧倒されてしまうでしょう。子どもができる唯一の方法は，蹴ったり，噛みついたり，叫んだり，つばを吐いたりして，そのような感情を取り除くことです。蹴ったり叫んだりすることで，子どもはまるで恐ろしい感情を外に押し出しているかのようです。

時に，子どもは混んでいるスーパーマーケットや靴屋でかんしゃくを起こし，親は困惑し，恥をかかされたように感じます。親が冷静さを失っていて，子どもに怒鳴り返したり，叩いたりさえする時には特にそうです。このような時には，子どもは自分の怒りがとても強くて危険なので，たとえば，自分に欲求不満を与える親やきょうだいを実際に傷つけてしまう結果になると空想するかもしれません。子どもは自分の怒りの噴出が危険なものであるかのように感じるかもしれませんが，実際にはそうならず，必ずしも大人が対処できないほどのものではないということを知るのは大切です。子どもの無意識的な目的は，子どもがその時に感じている怒りを親に感じさせることかもしれません。また，子どもは自分がどれだけ怒っているかを親がわかってくれるまで，叫び声や蹴りの力を強めるでしょう。もちろん，子どもは誰かの言うことを聞いたり，受け入れたりできる状態をすでに超えていて，感情を自分の外に出すことに集中している時もあります。子どもは，親にただ側に

いてくれて，自分に湧き起って来る強い感情を吸収してくれたり，あるいは抱っこしてもらったりするだけでよく，必ずしも何かを言う必要はないでしょう。

　かんしゃくをしのぐのは，船で嵐を通過するのと少し似ています。怖くて，危険ですが，ただ耐えることが必要です。子どもに「だめ」と言うのは，育児の根本で不可欠な部分です。また，子どもが親に「だめ」と言われた時の欲求不満への対処の仕方を学ぶのは子どもの発達の上で重要なことのひとつです。親は子どもを「抑えられず」，制限を設定することが難しいことを心配してクリニックに来る時があります。そこで，しつけが厳しく過酷だった家族で親が育っていて，それを自分の子どもに繰り返さないと決めていることが明らかになるかもしれません。また，別の親はほとんど規則を課されたことのない，とても「奔放な」子ども時代を経験しているので，確固とした境界を設定したり，子どもに日常生活の決まりごとをさせたり，首尾一貫した関わりをしたりするのが嫌なのかもしれません。

「だめ」と言うこと

　子どもは，親が「だめ」と言う時に，親が残酷で理不尽なことをしているように感じさせることがあります。親は子どもから何か取り上げることに気がとがめ，悪いと感じます。時には，親はたとえ自分の拒否が筋の通った必要なことだと分かっていても，このように子どもに欲求不満を起こさせることが有害なことかもしれないと心配します。親は「だめ」と言う時に，それが本気であることが伝わるように言うことが難しくなります。子どもは両親の拒否や禁止が本当に真剣かどうかを察知します。子どもはまた親同士の意見が一致していないかどうかも察知するものです。

　時々，親は「だめ」と言うことについて筋の通った論理的な説明をしなくてはならないと感じることがあります。「だめ」と言ってしっかり制限することで，子どもを傷つけていないと分かるのは，親にとって助けになるでしょう。逆に言うと，限界を明確にすることは子どもが安全で包容されている

と感じるのを助けることもあるのです。子どもは自分がしたいことが何でもできて，誰も自分を止められないと感じると，とても不安になることがあります。それは，自分がすっかり力強くなったという錯覚を子どもがもってしまうだけでなく，危険も感じさせます。なぜなら，もし親が子どもを止めることができず，子どもとその家族を攻撃から守ることができないならば，どのように子どもの安全を維持できるのでしょうか？ こうして，子どもがますます過活動となり，大人が自分を最終的に止めるかどうか，またいつ止めるかを確かめるために，その境界をさらに押しやろうとするという悪循環に至ることがあります。止められるとすぐに子どもが落ち着いて，安心したようになり，親は驚き，嬉しくなることがあります。子どもは大きく力強い「タフガイ」の行動をやめ，自分の弱点を見せて，より幼くて傷つきやすい感情や心配や恐れを見せることができます。それは子どもが，自分の限界を認識している親によって安全が維持されていることを知っているからです。もし親がとても動揺していると，子どもは正常な気持ちでいられず，説明を聞き入れたり，理解したりできないでしょう。また，子どもは単純に親がそう言っているからという理由で，ある事柄は禁止されているということを知る必要もあります。

　しかし，いつ「だめ」と言うかを決めるのは親にとって難題でもあります。3歳児はとても強い意志を持っていて，好奇心に満ち，置かれた環境を探索するのが大好きです。子どもはあるものがどう動くのか，特に親が愛用している機械類に関心があります。たとえば携帯電話，パパの髭剃り，ママのドライヤー，小さいパソコンといったようなものです。多くのものは触ったり，口に入れたり，感触を確かめたりするのに魅力的に見えますし，子どもは世界全体が安全で興味深い場所であるという感覚を与えられることも必要としています。私たちは多くの危険を示して，子どもを不安で一杯にさせたくありませんし，子どもの決意や熱意を壊したくはありません。しかし，私たちは子どもが道路，ストーブ，火などの危険を確実に分かるようにする必要があります。実際の脅威もしくは財産の損失の危険がある状況なら，親の立場ははっきりしていますが，日々の生活では親は多くの「グレーゾーン」に直

面しています。そこで，親はどの戦いが争う価値があるのか，また少し許容できるところはあるのかを評価しなくてはならないでしょう。

　制限がどのようなものかを子どもが知っていく上で一貫性があることは大切に思われますが，融通をきかせる余裕を残しておくのも必要でしょう。たとえば，もし子どもの気分がすぐれないなら，親のそばにいて，いく晩かは一緒のベッドで眠ることを必要とするでしょう。その際，親には，どの時点で子どもが自分のベッドに戻れるだけ良くなっているかを判断したり，子どもにごねられても毅然とした態度をとったりするという難しい課題があります。食事の前にアイスは食べないというルールがあっても，子どもがお医者さんに注射してもらったあとや，もしくは大好きなおじいちゃんおばあちゃんとお別れをしに駅に行くときだけは，妥協する余地があるかもしれません。

賄賂と脅し

　すべての親は，子どもがお店で良い子にしていたら，あるいは集会の間静かに座っていられたら，おもちゃやお菓子をあげると約束したことがあるでしょう。ストレスの多い時間の後で渡すご褒美と，賄賂との間の違いは何でしょうか？　その違いは，その状況を親がコントロールし続けていて，親が子どもの欲求を理解して決めているか，それとも子どもが主導権を握っているかにあるのでしょう。もし子どもが自分の歯を診てもらうために歯医者に行って，その後でマクドナルドでご褒美をもらえると言われたなら，その子は，自分がこれから経験することを乗り越えるのに助けとなる楽しみを持つことになるでしょう。もし子どもが，どうするのか決めるのは自分次第で，母親は自分の承認を得るためには何でもするだろうとそれとなく感じ取っていると，子どもは自分にとても力があると感じ，もっと要求に答えてもらおうと親をコントロールしようとするでしょう。子どもは母親に主導権があるという事実も見失い，その通院が嫌なものであっても，自分に最も利益があるようにします。脅しは賄賂と表裏一体で，どちらも「もし，これをしたら／これをしなかったら，その時に私はそれをする／それをしない」という公

式が用いられ、子どもの欲求に焦点があるよりも、権力を巡る争いに基づいています。脅しは子どもをひどく怖がらせるので、子どもは適切に物事を行う力を失い、さらなる困難に陥るか、もしくは協力したいという気持ちからではなく恐怖から従うでしょう。私たちは、実際にできるのかできないのかをほとんど考えずに、実行することができないような脅しをするといった落とし穴に陥ってしまいます。たとえば子どもの誕生日パーティを中止するといった、実行できないことを言ってしまうのです。3歳ぐらいの子どもは記憶力がとてもよく、親は脅しどおりにはしないものだ、とすぐに学習するでしょう。また、暴力による脅しは子どもを怖がらせ、不自然なほど抑制された、「良い子」にしてしまうでしょう。

「置いて行くよ」とか「どこかに遣っちゃうよ」と子どもを脅すことは逆効果となることがあります。ある母親は、大きな大学病院でレントゲンを撮るのを待って娘と座っていました。娘は落ち着かなくなり、最初に「本」を欲しがり、次に「飲み物」、最後に退屈で椅子から椅子へ跳び移り始めました。母親は「やめないと、病室まで連れて行って、そこに置いていくわよ！」と言いました。その子は怖くなったようで、「いや」と拒否しました。そして跳び回るのをやめ、じっと静かにして、もう1時間半座っていました。

その後、その子が病院に行く必要がある場合には、病院は怖いところで、「言うことを聞かない」ことへの罰として、一人で置いて行かれるところなのだ、というイメージを持つようになるかもしれません。同様に、子どもの振る舞いが悪いからチャイルドマインダーのところや店に置いて行くと脅す親は、のちに起こる困難の種を蒔いています。親が子どもを幼稚園に行かせようとする段になって、子どもは、非の打ち所なく振る舞っていないと幼稚園に置いて行かれちゃう、といつも心配するようになるでしょう。

子どもを叩く

親は我を忘れて、子どもを叩くことがあります。子どもが危ないことをしている時には特にあるでしょう。グレースは娘のベスが交通量の多い通りに

飛び出そうとするのを止めることができずに飛び出してしまったので、ぞっとしました。グレースは全速力で道を渡ってベスを掴んで、手を叩いて、金切り声をあげて怒りました。そのあとワッと泣き出してしまいました。彼女は起こったことのショックに圧倒され、我を失っていたのです。

　親が子どもをしつける方法は、自分が子どもの時に受けた経験と自分の親が自分に寄せていた期待の質に大きく左右されます。ある親は、自分が受けた体罰の恐怖をいまだに思い出して、自分の子どもには同じ目にあわせないようにと決意しています。また別の親は、それを害がなかったと感じ、子どもが命令に従うようにするため同じ事をしようとします。多くの人は、親からの不満や怒りに満ちた時間を耐えるよりも、むしろ「こっぴどく叩かれる」方が「それで終わるから」よかったと言います。その場の身体の痛みを我慢するのは、出来事の情緒的な苦痛について考えなければならないことよりも楽に思われたのです。

　子どもは親の行動を自分自身の行動のモデルとして使うので、いつも叩かれている子どもは、欲求不満や怒りを持つと親と同じような方法で反応することが良くあります。そのような子どもは、自分がしたことを親がしかってくれたり、自分の行動の意味を理解しようとしてくれたりするという経験をしていないのでしょう。子どもが危険なことや傷つくことをしようとしていたらすぐに止めないといけないことがしばしばあります。しかし、だからと言って、子どもがその時にどう感じ、何を考えていたかを理解するために、私たちが子どもの身になって考えなくていいわけではありません。

　子どもを叩くことを基本的なしつけの方法とするのはお勧めできません。子どもは大好きな親を喜ばせたいからよりも、恐怖によって振舞うようになります。子どもは抑制され、怯えて、嘘をつくことを学び、反抗して陰湿なことをするようになるでしょう。また、子どもが懲罰的な親と同一化して、自分よりも小さい子に傷を負わせるようになることだってありえます。時々こう提案する大人もいます、「子どもが噛んできたら、噛み返しなさい。そうすれば噛まれるのがどういう気持ちか分かって、二度としなくなるでしょう！」しかし、子どもに叩き返す、蹴り返す、噛み返すといったことは、た

だ親を子どものレベルに下げ，子どもの行動の理由について考える余裕を失わせるだけです。そのような親は，ただ子どもの気持ちを全部子どもに押し返して，子どもが怒りを自分の中から押し出そうしているのに，逆に子どもの中をさらなる怒りの感情で一杯にするだけです。何を子どもが表現しようとしているかを理解しようとすることによって，その悪循環を断ち切れるかどうかは親次第なのです。

　オスカーの父親が3週間前に家族の元から去ってから，オスカーと母親は2人とも怒りと混乱の感情と闘っていました。母親はへとへとで，イライラしていて，オスカーはますます乱暴になり，家具の上を飛び跳ねたり，自分のコップを母親に投げたりするようになりました。母親が最終的にコップをしまってしまうと，オスカーは抑えられないほど激怒し，母親に突進して，母親の手に噛み付きました。母親は怒りに圧倒され，彼を叩きました。2人の怒りの感情はコントロールを失い悪循環の中で高まっていき，2人の間を行ったり来たり飛び交うようになってしまっていたのです。その時，オスカーがソファから転げ落ち，ぐったりとうずくまって悲しげに泣きじゃくりました。彼が泣きながらそこに横になっているのを見ていると，まだ小さく傷つきやすいのを感じ，母親の怒りは消えていきました。母親は，オスカーが「屈強さ」を見せてはいるものの，この時は，母親に以前よりも多くのことを求めている，まだ小さな子どもであることを思い出しました。母親は彼を自分の膝に乗せると，そこで彼は長い間泣きました。彼は長い間ずっと抑え続けていた悲しみや喪失の感情をとうとう表出することができたのです。

第5章
いろいろな課題を克服する

トイレの問題

　3歳の子どもの多くはオムツがとれていますが，まだ時々失敗することもあるでしょう。いつもは完璧に上手くできる子が，時には退行することはありえることです。たとえば下の子が生まれた時などに，そうなるのはごく普通のことです。子どもは「赤ちゃんのように」オムツを求めたり，おねしょしたりするでしょう。そのうち子どもは以前のようにトイレを使うようになるので，あまり気にしない方が良いでしょう。子どもが自分のオムツを取りに走ることができるようになったら，トイレが使えるぐらい大きくなったんだという冗談を言う親もいます。子どもが自分でトイレの全行程をできるようになるには時間がかかります。「こっちきて，おしり拭いてよ！」という泣き声がずっと聞こえるような家もあるでしょう。
　休日のお出かけ，親との一時的な別れ，引越し，風邪などのように，日常に変化が生じると，子どもがその新しい状況に落ち着くまで，おもらしやおねしょをするようになってしまうことがあります。3歳のアダムはこの数週間トイレットトレーニングをしていましたが，それは叔母の家にお泊まりするためでした。叔母が迎えにきた時，彼は「やあ，うんちー！」と挨拶して，吹き出し笑いをしました。その後の5分間も，彼はすべての会話の節々に「うんち」という言葉を入れて，さらに大笑いしました。母親と叔母はこ

のことについて話し合って，おそらくアダムが家以外のところで寝て，トイレがうまくできるか，少し不安なのだろうと考えました。彼はうんちの話と同様に自分がうんちを「おもらし」しても，叔母が受け入れてくれるかどうかを確かめているようでした。

　プレイグループや幼稚園に行く時期が近づくと，完全にトイレットトレーニングができていない子どもの親は，そこに入園するのが遅れないかを心配するようになります。それは多くの幼稚園が子どもに十分なトイレットトレーニングができていることを強く求めるからです。できるだけリラックスをして，励まし続けながら，プレッシャーをかけないようにするのが一番良いでしょう。子どもはプレッシャーをかけられ過ぎると，汚さないように過剰に心配するようになり，お絵かきや砂遊びの時でも服が汚れるのを気遣うようになることがあります。そして服や髪が汚れるのを恐れて，遊びに参加するよりも他の子が遊ぶのを観察する，受身的な子どもになることがあります。これまでオムツがとれていた子どもがおもらしを始めたら，そこには何か理由があるでしょう。たいていは，解決するのに時間がかかるような不安が理由でしょう。ある子どもは，毎日自分を幼稚園に置いて行っても大丈夫だと母親が思えるように，大きくて勇敢な女の子になろうと緊張していますが，眠っている時や抑えていたものが緩んだ時は，その子の不安は尿と一緒に流れ出てきます。その子の両親の結婚生活はうまくいっていなくて，家で普段以上に怒鳴り合いを聞いていることもあるのかもしれません。家の中に緊張があることに気づくと，子どもは日中でも夜でもおもらしをすることがありますが，それはストレスへの普通の反応と言えます。時には，親は小さい子どものための相談サービスを利用して，子どもの変化の背後にある事柄について，考える手助けをしてもらうことが有用なことがあります。

　おしっこはトイレを使って上手にできるのに，うんちはオムツの中でしたい子どももいるでしょう。これにはさまざまな理由があるかもしれません。子どもはトイレの中に落ちるのを恐れているのかもしれないし，うんちが自分の身体から出て便器に落ちる音を怖がっているのかもしれません。それは，まるで自分の身体の一部を失うように感じているのかもしれませんし，トイ

レで流す水の音が嫌いなのかもしれません。オムツがぴったり密着していることで，うんちが自分の一部としてそこにあるという錯覚を持つこともあります。ウンチをすることに関しては独特の儀式があるようです。スティーブンはオムツをはいて，お父さんの書斎に行き，仕事の本をぱらぱらめくります。彼は「上半身」では大人の男性のように感じる必要があって，下の方では赤ちゃんのようなことが起こっているのをほとんど忘れていました。ウンチをおまるやトイレにすると，親がいつも大喜びするので，ウンチがすばらしい宝物や親への贈り物のように見なされることもあるのでしょう。この年齢では，子どもは自分の身体の機能や排泄物にとても関心があります。大便や尿は空想の中で多くの魔術的な力を持っています。子どもは自分の大便が，たとえば敵を爆発させるような強力な兵器のように想像することがあります。ジョニーは，兵隊と銃を持って遊んでいる時に出すのと同じ音を，おまるに座ってうんちをする時に出します。彼は「バン，バン，ピュー，ボーン」という音を出しますが，これはいかに自分の「ボトン」（大便を彼はこう呼んでいた）と危険な兵器を関連付けているかを示しています。

　尿も，あるものをだめにしたり壊したりする手段として見なされることがあり，子どもは怒りに満ちた反抗の印として，カーペットや両親のベッドや他の家具にわざとおしっこをするかもしれません。

　メーブのお母さんは2,3日家を空けようとしていました。両親はメーブに，彼女の仲良しの友達の母親が幼稚園に迎えに来てくれて，父親が夕方に迎えにいくまで面倒を見てくれると説明していました。父親は，週末には特別なご褒美として動物園に連れていく，と約束していました。母親が出かける前の日，メーブはリビングで『テレタビーズ』（イギリスの幼児番組）のビデオを見ていました。その時，彼女は母親の旅行カバンが半分開いて床に置いてあるのを見つけました。彼女はそれを引っ張って，開けて，中身をばら撒いて，その中におしっこをしました。彼女は上機嫌で，「おしっこしてるのー」と叫びました。母親は飛んできて，旅行カバンがびしょ濡れになっているのを見つけました。メーブは，秩序が乱され，台無しになってしまうとどんな気持ちになるのかを，母親に伝えたのでした。

リラックスと睡眠

　小さな子どもは，1日の終わりに，よく知っている大人と一緒にリラックスしてその日の出来事を「咀嚼する」時間と場所を必要としています。子どもはその一日とそこでしたことを思い出す機会を提供される必要がありますが，それは子ども自身のペースで，子どもがリードして考えるままについてきてくれる親が一緒であることが必要です。これは，お客さんの前（もしくは電話）で「パン叔母ちゃんに，動物園で何を見てきて，明日はどこに行くかお話ししてごらん」と励まされ，プレッシャーを感じる状況とは全く違います。親は子どもがお出かけからたくさんのことを得たことに驚くかもしれませんし，平静な時間での会話は子どもが実際に何が気になっているかを教えてくれることが良くあります。ある女の子は，「洗車機」の中に入っていくのに興奮し，また少し怯えているかもしれませんし，猫が屋根から屋根に飛び移っているのに気づいて，「あの子の赤ちゃんはどこにいるのかしら？」と突然尋ねるかもしれません。

　『くまのプーさん』でA. A. ミルンは，クリストファー・ロビンが午後に蜂たちとの冒険をした後で，お風呂でプーさんに話しかけている場面で，静かに振り返るこの時間を描いています。風船につかまって蜂の巣の近くを漂っていたプーさんは，刺されないように逃げようと死に物狂いで風船から地上に降りようとしていました。プーさんはクリストファー・ロビンに風船を打ち落としてと頼みましたが，クリストファーの一発目は風船を外して，代わりにプーさんに当たってしまいました。そして，クリストファー・ロビンはその日の出来事を振り返って，プーさんにそれを話す機会を得ました。ある冒険を誰かに繰り返し語ることで，それは，単なる思い出の報告ではなく，真の物語になるということがわかります。クリストファー・ロビンは，自分が誤って銃を撃って，友達を傷つけてしまったのではないかと本当に心配したことを打ち明けることができました。プーさんがロビンは傷つけていないと安心させると，ロビンは穏やかな気持ちでベッドに向かうことができ，ぐっすりと眠れたことでしょう。

童話の本とさまざまな体験に取り組むこと

　童話の本を読み聞かせるのは，親が子どもと一緒に穏やかな時を過ごすのに最適な方法ですが，おそらくそれは疲れる1日の終わり頃でしょう。小さな子どもさえテレビの前でいくらか時間を過ごす今日にあっては，このような形のやり取りが特に貴重なものになるようです。子ども向けの本は明るくユーモアのある仕方で重要なテーマを探究していて，親子で話し合う話題を作り，心の底からの楽しみをもたらしてくれます。本はたいてい美しい装丁と挿絵があります。なかには，サラ・ガーランドが書いた『お洗濯をする』や『お買物に行く』のような単純な家事を基にしたお話もあります。また，子どもの心の世界を想像的に探究するお話もあります。たとえばヒアウィン・オラムときたむらさとし（挿絵）が書いた『ぼくはおこった』は，自分の怒りの気持ちがとても強烈なので地球を破壊することもできると，ある子どもが想像する様を描いています。デイビッド・マッキーが書いた『もうバーナードじゃなくなっちゃう』は，忙しい両親の関心を得ようとするが上手くいかないバーナードを描いています。両親は，彼がモンスターになってしまった時に，ようやく彼に気づきます。モンスターは，彼がここまでにいかに怒っていたか，誰かが自分に関心を向けてくれるまでいかに野蛮にならないといけなかったかを表しています。ヘレン・クーパーが書いた『小さなモンスターがやったんだよ』は，子どもが自分の「良い子」の側から「モンスター」の部分を切り離す必要性に触れています。言うことを聞かないようなところがあると，それはいつも「モンスター」のせいにされます。モーリス・センダックが書いた『かいじゅうたちのいるところ』は，子どもたちが名づけられない，子どもの中にある「野蛮」で，怒りに満ちた感情を言葉にしています。アンソニー・ブラウンが書いた『すきですゴリラ』は，小さな子どもの空想と夢の世界を思い起こさせてくれます。ハンナの父親はとても忙しくて，彼女と遊べません。父親が買ってくれた小さなゴリラのおもちゃに向けられた彼女の失望が夢を見ている間に喜びに変わります。そこではゴリラ／お父さんがいろいろな楽しいことやわくわくすることに彼女を連れて行ってくれます。母親には言及されておらず，彼ら2人が芝生の上で一緒

踊るという成り行きは，小さな女の子がお父さんの人生にとって特別な存在になるという願望に関わるものについて語っています。

多くの本が小さな子どもたちの毎日の奮闘を描いています。メアリー・ディキンソンが書いた『アレックスの新しい服』は，大きくなったので自分の身体に合う服を買いに行ったのに，一つ大きなサイズを買ってしまったアレックスが，最後にはどのようになるのか描いています。この本は子どもが同じ物を好むことに触れています。子どもはまさに動揺している時には，特に好きな服を着たいと主張することが良くあります。パット・ハッチンスが書いた『ぶかぶかティッチ』では，家族の中での子どもの生まれた順番に焦点が当てられています。ティッチは末っ子なので，すべてが上のきょうだいからのおさがりです。エリック・カールの『ごきげんななめのてんとうむし』では，空威張りばかりして，自分よりも大きくて強い動物にけんかを仕掛けるてんとうむしが描かれています。カールの『ごちゃまぜカメレオン』と『ね，ぼくのともだちになって！』は，アイデンティティと友情への不安の問題に焦点を当てています。アラン・アールバーグとアンドレ・アムスタッツ（イラスト）の『ラザーさんの洗濯屋さん』は，大人の仕事に熱中する子どもを描いていて，大人を馬鹿にすることなく，ユーモラスです。エリック・カールの『はらぺこあおむし』では，より小さい子ども向けの本としての単純さと，数と曜日の概念，さらにさなぎから蝶になる変態という複雑な概念を結び付けています。

詩の本は，子どもが覚えて，次の行を予測することができるので，読書の前の良い準備になります。そのような本は，たとえばクエンティン・ブレイクの『みんな仲間入り』や，ジャネット＆アラン・アールバーグの『なしのき　もものき　プラムのき』などがあります。多くの本は特定の問題に焦点を当てています。偏食に関してはビビアン・フレンチの『オリバーの野菜』があります。トイレの問題に関してはトニー・ロスの『おまるがない！』，友情の問題ならサム・マックブラトニーの『僕は君の友達じゃない』，寝る時のことならマーティン・ワデルとバーバラ・ファース（イラスト）の『ねむれないの？　ちいくまくん』があります。童話は，小さい子どもにと

って怖すぎるお話もありますが，不朽の魅力があります。

　最後は，子ども中心の忙しい1日の終わりに疲れた親にとってぴったりのお話で，それによって小さい子どもが親の気持ちになれるかもしれないお話です。それは，ジル・マーフィの長く読み継がれている本で，『平和な5分間』というお話です。このお話は，入浴中に，5分でも誰にも邪魔されない時間を得ようと無駄な努力をしている母親象の姿を描いています。

寝る前の儀式

　小さな子どもは自分がコントロールしているという感じを得るために儀式を必要とします。寝る前には特にそうです。親は普段とは違う状況でも寝る前の儀式を守ってあげて，見知らぬ環境でも慣れ親しんだ習慣をさせてあげることができます。ボニーの父親はいつもベッドの端を叩きながら，彼女にある歌を歌ってあげていました。フランスへ行く途中に，彼らは他の2人の客と寝台車で一緒になることとなりました。父親は恥ずかしいとは思いましたが，伴奏も込みでいつもの歌をボニーに歌ってあげました。

睡眠の困難

両親の間に割って入る

　これまでの章で（主に第2章）子どもの両親に対するエディプス的な願望と，それがどれほど子どもの睡眠に影響するかを論じました。子どもは両親の親密な関係について複雑な感情があって，両親が寝る前の時間に2人で楽しんでいるようなので「ベッドに連れて行かれる」ことをよいとは思えないでしょう。子どもは晩にリビングにふらっと出てくるかもしれませんし，夜の間の両親を確認しようと起きて，両親のベッドにもぐりこんで来て，自分のベッドに戻るように毅然とした態度を示さないとそこで眠ってしまうかもしれません。時には両親がとても疲弊して，その戦いに挑めずに子どもに屈服してしまい，不快で窮屈な夜を過ごすことも多いでしょう。もしくは，「ベッド取り」ゲームがずっと続いて，片方の親が子どもの空いたベッドに

移ります。

　ほとんどの子どもは夜の間は眠るという通常のパターンに落ち着きます。また，より幼い3歳の子は，まだお昼寝をしているかもしれません。子どもの気質にもよりますが，あまり寝ないで，他の子よりも長く起き続ける子どももいます。しかし，子どもが16歳にもなると週末にはきっと正午まで寝ているようになり，親は子どもを起こすことに奮闘するようになるでしょう。

手放すこと

　子どもの多くは夜中に目が醒める時期があります。それはしばしばおねしょやうんちで起きるのですが，その背景には情緒的な理由があるかもしれません。特に，それは親と子のお互いの分離に対する心配と関連しているかもしれません。夜の時間には，しばしば子どもはより打たれ弱くなります。昼間に元気で，虚勢でいっぱいだったのが，夜になるとそれが薄れていき，赤ちゃんのようになります。「眠りに落ちる」という慣用句が使われるのは偶然ではありません。なぜなら，子どもはそのように眠りの中にまさに「落ちる」必要があり，これは親しい人たちと別れて，その人たちを手放してしまうことを意味しているからです。そのため，寝る前の儀式が重要になります。儀式によって親と子どもが眠りへの移行を助けられ，1日の終わりにお互い別々になるという型どおりのパターンがもたらされるのです。

　子どもが寝る前の時間を引き延ばそうとする様子について，親はよく報告してくれます。「寝る前のキス」やお水を要求してきて，親と離れがたいことがはっきりわかります。暗闇が突然，敵意に満ちた怖いものと感じられることがありますし，ある角度で置かれた椅子が人のように見えるのかもしれません。子どもが安心して眠れるようになるために，いろいろ確認して，配置を変えることが必要でしょう。子どもには優しく，しかし毅然とした態度をとることで最終的にはうまくいきます。しかしながら，病気，旅行，引越しなどで習慣が崩れたときはいつでも，子どもがいつもより落ち着くのに時間がかかるだろうと親は予想することができます。

親の心配に気づくこと

　親が不安だったり，うろたえていたり，ほかのことで頭がいっぱいだったりすると，それがたとえば家族の再会の興奮であっても，子どもはこれに気づき，夜に眠りにくくなります。子どもは母親が仕事に復帰した時に夜起きやすくなりますし，仕事の時間を長くした場合にも同じことが起こります。子どもを預かってくれる人や幼稚園の担任が交代することも子どもを落ち着かなくさせるでしょう。1日の終わりに昼間したことを話す機会を持てれば，子どもが苦痛な夜を過ごすことは少なくなるようです。子どもの頭を一杯にするようなことがきっと出てくるでしょうし，その恐れや心配，興奮させる期待について話し合う機会があることでしょう。子どもは旅行，誕生日，クリスマスの数日前の夜から興奮のため圧倒されることがあり，眠れなかったり，早く目覚めてしまうかもしれません。

寝る時間の恐怖

　子どもはしばしば暗闇を恐れ，なじみのある物を想像の中で恐ろしい魔女やオオカミや幽霊などに変えてしまいます。子どもは，夜の間安心させて欲しいと両親のベッドに入ってくるかもしれません。両親は怯えている子どもを自分の部屋に戻すのは残酷だと感じるかもしれませんが，もし両親が簡単に夜ごとに自分たちのベッドに来ることを繰り返してもよいとすると，子どもは両親も自分と同じ寝る時間の恐怖を持っていると信じ始めるかもしれません。おそらく，子どもも一人で寝るのは危険で，両親の部屋の外には危険な生き物が本当にいると信じこみます。子どもは自分の想像上の恐怖をしっかりと聞いてはもらうけれども，それは夜の間大人が守り続けなければならない実際の危険ではないという保証を必要としています。

夢と悪夢

　子どもは2歳を過ぎた頃から，夜に夢を見ていたことに気づくようになり，時には朝起きたときに夢を見ていたと言うこともあるでしょう。それらの夢は一続きの出来事というよりは，印象とイメージの渦のようなものなの

で，子どもは多くを話せないかもしれません。子どもが悪夢を見て，叫びながら起きることも良くあります。子どもは悪夢を「実際のこと」として感じるので，誰かが部屋から外に連れ出して，落ち着かせてあげる必要があるかもしれません。時には子どもはその時そこで悪い夢がどのようなものだったかを親に話す必要があるでしょうし，自分の部屋に戻るのを嫌がるかもしれません。子どもが昼間に特に攻撃的になっていたとすると，悪夢を見て目が醒めるかもしれません。その悪夢では，昼間の攻撃的な行動が復讐する人物，怪物やTV番組の「悪者」に形を変え，仕返しをするために襲ってくるかもしれないのです。

ビリーはお風呂に入るように庭から連れ戻された時に，母親にとても怒っていました。彼は「大嫌い！」と叫び，長靴を母親に向かって投げつけました。お風呂の後に，彼は『3匹の子ぶた』のビデオを見ました。その夜，彼は「助けて，オオカミに嚙み付かれるー！」と叫びながら目を醒ましました。その夢で，オオカミは家の中への入り口を何とか見つけていました。彼は母親へ敵意を向けた後では，まさに「レンガとセメント」で作られた家の中にいる時のような安全な感覚を得られなかったのでした。

もし子どもが悪夢を見ているなら，親は子どもを怖がらせるようなビデオやテレビ番組を，たとえそれが子ども向けの時間に放送されていたとしても見せないようにする必要があるかもしれません。子どもは怖くなれば，自分でそのビデオを消したり，部屋から出て行くとは想定できません。時にはそうすることもありますが，子どもはまるでそれに慣れようとするかのようにその続きを何度も何度も見て，恐怖を克服しようとすることもあるかもしれません。子どもはショックを受けて座っていて，近くでその子を見れば，その子がこぶしを握っていたり，恐怖で凍りついていたりするのがわかるかもしれません。しかし，子どもは最後まで見続けます。子どもを恐ろしいイメージから完全に守ることはできませんし，いつも恐ろしいことが起こるのを予告できるわけでもありません。しかし，たとえばパントマイムや人形劇など子ども向けだとされているものでも，怖いものはたくさんあります。運悪く子どもが怖がったら，しばらくはその劇場に行くのは避けて，前もって劇

の内容をある程度詳しく確認しておくのが良いでしょう。

　子どもはTVやラジオから私たちが思っているよりもはるかに多くを吸収します。多くの親は，小さい子どもが近くで遊んでいるところでTVの画面に映される9・11の事件を観て，恐ろしい思いをしました。そして，子どもが積木の塔を建てて，悲鳴とともにそれを壊すことで，あの恐ろしい光景を遊びで表現し始めたときのショックについて，報告してくれました。多くの子どもはテレビ画面の光景と関連のある悪夢に苦しみました。子どもは，交通事故，火事や他の災害のようなトラウマ的な出来事に巻き込まれるとフラッシュバックにも似た悪夢を見ることがあります。親は，このようなことを切り抜けるためにはどうするのが一番良いかについて，助言を必要とします。

夜　驚

　子どもが悪夢によって掻きたてられる恐怖はとても強いので，いつも接している親しい人を怖い人に変えてしまう時があります。夜驚を経験した子どもは，目を醒ましているように見えますが，まだトランスのような状態のままでいて，我に返るまでに時間がかかることがあります。

　ゲイルは両親と一緒に車で旅行して昼間にへとへとになった後で，海の近くのキャンプ場に着きました。キャンピングカーの中で過ごすのは初めてなので，ゲイルは歯を磨きに母親と一緒に小さいトイレに行くのを頑として拒みました。ついに母親は頭にきて，彼女を怒鳴りました。最終的には2人とも落ち着いて，（ヘレン・ニコルとジャン・ピエンコフスキィによる）『メグの卵』という新しい童話の本を読みました。その本は，大きな恐竜の赤ちゃんが巨大な卵から生まれ出てくるという話でした。両親は，夜にゲイルの恐怖の叫び声で目を醒ましました。ゲイルは身体を起こしていましたが，両親のことが分からないようでした。母親が水を入れたコップを手渡そうと近づきましたが，ゲイルは母親が近づこうとすると恐怖で叫んで，そのコップを部屋の向こう側へ投げつけました。両親は彼女が病気になってしまったのではないかと心配しましたが，朝には元に戻っているだろうと思っていました。

しかし，朝になっても，ゲイルはトランス状態のようで，まるで母親が魔女であるかのように怖がって見つめていました。父親だけは彼女に近づけたので，彼女をビーチへ散歩に連れて行きました。突然，ゲイルは「ママ……きょうりゅう……あかちゃん」と言いました。これによって，この夜驚を引き起こしたものについての手がかりを得たのでした。旅行の長い1日，そして慣れない環境による混乱がゲイルの不安定な眠りを引き起こしたに違いありません。「怪物の赤ちゃん」（恐竜）を生まれさせた魔女（メグ）についての話は，ゲイル自身の気難しい「怪物のような」振る舞いと彼女が寝るすぐ前の母親の「魔女のような」怒鳴り声と結びついたようでした。これらすべてが混ざり合って恐ろしい混成物となって，「夜驚」となったようです。ゲイルは悪夢の中に「とらわれた」ようで，まるで母親が本当に悪い魔女のように見えたのでしょう。

食べ物の好みと摂食に関する心配事

　食べ物や摂食に関する問題は，ほとんどの人に強い情緒を掻き立てます。なぜなら，それは最早期の経験の多くと関わるからです。子どもと食べ物との関係の性質は，その子どもと母親との早期の授乳の経験と密接に結びついています。母親と赤ちゃんのカップルが母乳や人工乳でよいスタートを切れていると，離乳して離乳食へと移行していくのはとても滑らかです。そして，子どもが3歳になるまでには好みの食べ物はあるものの，出された新しい食べ物を食べようと好奇心を示すでしょう。でも，物事はいつもこのように進むわけではありません。摂食の困難には，しばしば情緒的な土台があります。赤ちゃんの中には，哺乳瓶や母乳の喪失から立ち直れない子もいます。離乳が突然であればなおさらでしょう。このような子どもは，赤ちゃんのような食べ物やとろとろのヨーグルトから離れず，噛まないといけない固形物を拒むことで，早期の授乳の段階に留まろうとするかもしれません。

　また赤ちゃんによっては，授乳を待ちきれずに，母親から顔をそむけ，小さい頃から自分で哺乳瓶を持てるようになる子もいます。そのような子は，

第5章　いろいろな課題を克服する　173

赤ちゃんのような食べ物を与えられているのを受け入れないで，自分でもてるよう指でつまめる食べ物を求めるかもしれません。母親が気持ちを込めて準備した手作りの食べ物を子どもに拒まれたとき，どれだけ傷つくかはよくわかりますが，この拒否はたいてい長くは続くものではありません。ただ極端な場合では，子どもは手作りの食べ物をすべて拒んで，袋詰めや缶詰の製品を好むかもしれません。これは母親と子どもとの間に情緒的な困難が潜在する徴候ですので，幼い子どもと家族のための相談サービスの援助が必要となるかも知れません。

　固い食べ物を嚙むために歯を使うことについて（通常は無意識的に）心配している子どももいます。それは，歯が，嚙むことで他者を傷つけ攻撃したいという強い願望とつながりがあるからでしょう。歯は子どもが発達させる最初の武器で，子どもが幼稚園で他の子を嚙むのは良くある悩みです。この段階を通過している最中の子どもは，しばらくの間，固い食べ物を食べるのをやめることもあります。

　子どもの過食も心配の種となりますが，これも母乳や哺乳瓶の頃の子どもの早期の経験からそうなっていくのかもしれません。子どもが泣いたときにはいつでも，その子がなんで泣いているのかを理解してあげる前に，当たり前のように哺乳瓶を与えられていたのかもしれません。子どもは空腹を和らげるためだけではなく，落ち着かせて欲しい，心地良くして欲しいといった時にも食べ物を求めるようになり始めるでしょう。こうなると，子どもは少し寂しかったり，怯えたり，心の中が空っぽな感じがしたりする時にはいつでも食べたくなります。このような子どもはよく幼稚園で「欲張りな子」とレッテルを貼られるかもしれませんし，またさまざまな欲求を区別したり，心地良さや満足を得るために別の方法があるということを認識したりするのに手助けを必要とすることでしょう。

　栄養バランスはいつも私たちの望み通りとはいきませんが，ほとんどの子どもは，ほどよい種類の食べ物を食べることができます。ただトイレのときと同じように，習慣の変化，特別な出来事，親からの分離といったものは子どもの摂食に影響するでしょう。メアリーは家では食欲旺盛でしたが，丸1

日幼稚園に行き始めた時は，なかなか昼食に手を付けられませんでした。実際，彼女は2日連続で他の8人の子どもと一緒のテーブルに着くやいなや嘔吐しました。まさに彼女は情緒的に動揺する経験を身体的に取り除こうとしているかのようでした。母親と幼稚園の先生は，メアリーが幼稚園での苦しい食事の時間は，母親と1対1で親密な関わりを失う時間のように思っているのではないかと考えました。1カ月の間は半日で家に帰ることにすると，問題はみるみる落ち着いてきたのでした。その時までには，メアリーは隣に座る友達を見つけ，幼稚園での食事の時間を乗り越えることができるようになりました。

食べ物の好みのうるさい子

3歳の子どもはすでに食べ物の好き嫌いが強く生じてきているかもしれませんが，いくつかの（限られた）選択肢を与えていくと，子どもは何を好きか決まっているわけではないので，食べられるものの種類を広げ続けるのに役立ちます。スイートコーンやおもちの食事をずっとし続けそうな子どもが，ある日突然新しい食べ物に挑戦しようとして，それが好きになります。ドクター・スースの絵本『緑のたまごとハム』のサムは「食べてみなさい，ほら，きっと気に入るから」としきりに促されています。この本は子どもが新しい食べ物に挑戦することへのためらいと，食べられたら良い見返りがあることを表現しています。

ジャンクフード

小さな子どもが食べる「ジャンクフード」の量への心配はますます大きくなっています。なぜなら，子どもの歯や肥満や多動についての心配があるからです。摂食のパターンは人生の早期に築かれ，健康的な食事の習慣がある子どもは肥満の危険性が少ないでしょうし，健康を害することも少ないでしょう。最初の子どもや一人っ子は小さい頃にチョコレートや甘い飲み物が目に入らないように親が守ることがよくあります。しかし，家に年上のきょうだいがいたら，3歳になる頃までには子どもはほとんどのジャンクフードを

口に入れて味見しているのは確実でしょう。塩分・脂肪・糖分の高い食べ物の広告は多いため，子どもが食べるのを制限する親の課題はさらに困難になります。

　これに対して，どのように，いつ「だめ」と言うかを一緒に考えておくことは両親にとって重要な課題でしょう。なぜなら，子どもは片方の親にだめと言われた時には，もう片方の親からチョコレートビスケットをせしめて喜ぶことがあるからです。親は家の中や親と一緒の外出時には，子どもが食べるものをコントロールできますが，もし他の人といる時にまで子どもが食べるものを過度にコントロールしようとすれば，生活がひどく不幸なものになることはすぐに理解されるでしょう。子どもは，友達の家で昼食の前にアイスクリームを出されても断らないといけないという具合の悪い立場に置かれることになります。また，もしそれを食べたなら，子どもはまるで親と決めたルールをごまかして，勝ち誇った気持ちになることだってあるのです。

　ある食べ物を食事から抜かなくてはならない健康上（糖尿病など）の理由，もしくは信仰上の理由がある子どもの親は，何を食べることができるか，もしくは代わりに何を食べさせられるかを大人が知っておくように，いつも友達の親や教師に話をしておきます。そうすれば，周りの友達がみんな好きなものを食べている状況で，その子の自制心で抑えないといけないという重荷を課させないですむのです。

行動との関連

　着色料，糖分，カフェインと子どもの多動（もしくは躁的な行動）との関連を確信している親は多く，そのような食べ物を減らそうとします。これにはいくらか根拠はあるかもしれませんが，子どもの落ち着きのなさや集中力のなさの原因として食べ物に過度に焦点を当てる親は，その子どもが悩んでいたり，受け止められていないと感じていたりという別の徴候を見逃すかもしれません。

性（ジェンダー）の違いと性的アイデンティティ

　多くの親は，赤ちゃんを持ってみて，子どもが男の子らしさや女の子らしさを表すに当たって，親がこうあって欲しいと思うことよりも，遺伝の方が強い影響があると確信するようになった，と言います。親は，善意から，男女の性別に偏らない遊び場を与えようとしたり，社会的に強いられた役割のアイデンティティを子どもに奨励しないようにしたりするかもしれません。息子に人形を，娘に剣をあげるかもしれません。しかし，どちらの性別の子どももどちらのおもちゃでも遊ぶのですが，自由にさせると，男の子はたいてい車，バイク，剣，銃で遊ぶことを選び，女の子はままごとセットや人形で遊ぶようになります。男の子は海賊，カウボーイ，王様，王子の格好をして，女の子は妖精，王女，女王様の格好をするでしょう。これは大雑把な一般化ではありますが，もっと小さな頃からはっきりしている場合もあります。これには，男の子は，走る，跳ぶ，蹴るといった身体を調整する粗大運動のスキルの方が，切り抜く，細かい描画や色塗りといったような繊細な課題ができるための微細運動のスキルよりも早く発達することと関係しているかもしれません。やがて，子どもは自分の気質に応じた遊びの方法を見つけます。子どもはだんだん外の世界に触れていく（さらにTVも見る）ので，性別の枠組みに関する社会的なプレッシャーから完全に逃れることはできません。しかし，男女に関わらず誰もが「男性的な側面」も「女性的な側面」をもっているということを知っておくのは重要なようです。男の子が赤ちゃんにミルクを飲ませる遊びやおもちゃの家で料理をする遊びを「女の子っぽい」からと止めさせたり，女の子が剣で戦う遊びをするのを「男の子のための」遊びだからと止めさせたりするのは，とても残念なことです。小さい男の子が母親の靴やバックで着飾ったり，女の子が父親のチョッキを着たりすると，子どもの性的なアイデンティティが混乱していて，本当は反対の性の子になりたいのかと心配になる親がいます。このようなことが実際に起こることはあまりありません。子どもは，自分がどんな人か，もしくはどのような人になれるのか，いろいろ考えていくために，別のアイデンティティを試してい

るのです。子どもが親の不安を察すると，これがタブーの領域と分かり，隠しておくようになるでしょう。このような小さい頃の探索が常習的な服装倒錯にまで発展してしまうようなことがあれば，親は専門家の助言を求めたいと望むかもしれません。

辛い時間

　ほとんどの小さい子どもは，大なり小なり深刻な出来事に出会い動揺することに対処しなくてはなりません。家族（もしくは自分）の病気，別居や離婚，親しい家族成員の死別は，ある種の子どもにとっては，普通に送っていた生活の外側の，トラウマ的な出来事となるでしょう。可能ならば，手術が予定されている子どもに，心の準備をさせることが助けになります。たとえば，子どもが入院する予定の病室に連れて行くとか，ちょっとしたおもちゃを使って，子どもに起こるであろう一連の出来事を見せてあげるという方法もあります。

真実を告げる：いつ，どの程度告げるべきか

　小さい子どもは確かな時間の感覚がありません。そこで，子どもに好ましくない，難しい状況についてあまりにも早い時期に話すことは，子どもを不必要に不安にさせるでしょう。大人は子どもに話す前に最初に悪い知らせを消化し吸収しておく時間が必要です。さもなければ，大人の混乱や心配といった感情が子どもにあふれ出して，子どもを苦痛で一杯にしてしまう危険があります。小さい子どもは離婚，病気，死別について真実を知る必要はありますが，子どもの脳裏から離れず怯えさせるであろう残酷な詳細や，不必要に混乱させる詳細まで知る必要はないのです。子どもが恐怖のため混乱するという理由で，真実を告げないでいる，あるいは病院にいる病気の親を訪ねさせないでいると，やがて想像力が働きだして，さらに怖い空想上のシナリオが浮かび上がってくるかもしれません。

第6章
幼稚園に行く

　家庭から幼稚園へと移っていくことは，小さな子どもにとっては刺激的ではありますが，大変な経験ともなります。家庭では，子どもは自分の環境になじんでいて，多かれ少なかれ大人の関心の中心であり，自分のおもちゃや持ち物があります。幼稚園では，子どもは新しい，刺激的な状況に置かれ，おもちゃや設備や先生の関心を大勢の子どもたちのグループで分け合うことになります。それを埋め合わせるものとしては，新しいおもちゃや活動，外遊びの場所が豊富にあり，さらにさまざまな子どもたちと出会い遊べる可能性があるでしょう。こうしたことを考えると，恐ろしくもあるでしょうし，子どもたちは全員が友好的なわけではありません。また，上手くいかないことがあるときや，食事や昼寝といった日中の比較的静かな時間には，ママやパパがいなくて寂しくなるかもしれません。

　ほとんどの幼稚園は，親とすっかり離れる前に職員や環境に慣れることができるように，数週間ゆったりした慣らしの期間があります。親は子どもが幼稚園での一日を上手く過ごせるようになるまで少しずつ離れている時間を長くしていきます。子どもは家から特別なおもちゃや果物を持っていきたがることがよくあります。これらは家族との生活を思い出させて，幼稚園で安心感を得るための助けとなることがあるでしょう。

バイバイを言う

　子どもは親にバイバイを言う際に動揺することが予想されます。ただ，手助けがあると，子どもは徐々に幼稚園での活動に参加できるようになるでしょうし，自分に開かれた新しい経験に一生懸命になっていくでしょう。しかし，子どもが泣き叫んだり，死に物狂いで母親にしがみついたりすれば，お別れの瞬間は緊張に満ちたものでしょう。子どもは，まるで「母親を永遠に失おうとしている」，または二度と母親に会えないかのように見えるかもしれません。それまでの家での振る舞いが悪かった場合，その子は，母親が自分を追い出そうとしていると感じるかもしれません。子どもは母親と一緒に過ごす時間が十分ではなく，母親がいつも自分を置いて仕事や買い物に行っていると感じているかもしれません。親が子どものもとに戻ってきて，子どもがお別れの体験に取り組むのを手助けしてくれるという良い経験を十分することが望まれます。また，担任の先生など，幼稚園でのその子の「特別な」人が，子どもを元気付けバイバイを言うのを手助けしてくれることも役に立ちます。

　親は子どもが遊びに熱中している間に，子どもを動揺させないように「こっそり去る」ようにすることが時々あります。これが問題なのは，親がバイバイも言わずにいなくなったということに子どもが突然気づき，母親がいつ戻ってくるのか，また戻ってくるのかどうか不安になる可能性があるということです。子どもは母親がいつ予告なく現れ，またいなくなるかと思って外を見続けて，遊びに集中することも難しくなるでしょう。

　動揺してしがみつく子どもとは対照的に，「最初から後ろを振り返ることなく」，時にはバイバイを言うことさえなく，親の元から飛び出していく子どももいます。こうした子どもは簡単に親に背を向けて行ってしまって，三輪車に乗ったり，お絵かきに熱中したりします。それはまるでその子がお別れに上手く対処しているかのようですが，これは実際には違うかもしれません。バイバイを適切に言わずに別れることで，子どもはお別れがあまりに困難で，親に背を向けることがそれに対する唯一の対処法であるというメッセ

ージを発しているのです。そうすることで，自分がお別れの過程をコントロールしているかのように感じているのです。このような子どもは，親に置いていかれるのではなく，逆に親を置いていくことでお別れの感情を親に伝えているのです。子どもがお別れの痛みを乗り越えて，うまくバイバイと言えるようになることは，手助けしてあげる必要のある重要な課題なのです。子どもがこのような状況を避けるパターンを発達させると，将来，人生の変わり目に対処することが難しくなるかもしれません。

幼稚園への送迎をいつも同じ人ができないとしても，誰がしてくれる予定なのかを子どもが知っておくのは助けになります。子どもがその大人をよく知っているほど，あらゆる点でうまくいきます。寝る前の時間にするような，短いお別れの儀式は子どもが落ち着くのを助けてくれます。ラーナと母親は幼稚園で毎朝決まったお別れの儀式をしていました。ラーナがコートと名札を自分のところに掛けた後で，ラーナの母親はクッションの上に座って，本を選んで，ラーナが膝の上に来るのを待ちます。そしてお別れの時間までラーナに本を読みます。母親が「じゃあ，またね」と言い，ラーナも「またね」と応えるといういつも決まったやり取りがあります。2人は抱き合ってキスをして，ラーナは離れる前に母親の頭をポンと叩くのでした。

お別れについて遊びで表現する

変化や移行は痛みを伴うものですが，成長や発達に不可欠です。母親がいない時には，子どもは，自分の心の中に，母親のイメージを思い出すことができる場所を見つける必要があります。それは母親が物理的にそこにいない時に，子どもが上手く対処する助けとなります。子どもが幼稚園の思慮深い担任の先生にサポートされ受け入れられていると，これらの経験に対処するような遊びができるようになり，ゆっくりと自分の気持ちを言葉にすることを学んでいきます。このように言葉を使えるようになることは，子どもが自分の経験や感情について考え，学ぶ力を発達させる助けとなります。

幼稚園での最初の週，デイビッドは母親がいなくなると激しく泣きました。

彼は母親が出口に行くやいなや泣いて，母親は罪悪感を持ち，悲しい気持ちになって，建物を後にしました。担任は毎朝母親と別れた後の数分間，デイビッドだけを脇の部屋に連れて行くことにしました。そして，彼に一緒に遊ぶための小さな動物のおもちゃを出してやりました。担任の注意深い観察によると，デイビッドは大きな象と赤ちゃんの象で遊び始め，小さい象の鼻を大きい象のお腹の下になるようにして，2つを手に持ちました。彼は，2つがバラバラにならないようにぎゅっと持つと，それらを持つ手を弛めて，落としました。落ちるごとに，その2つを元の位置に戻しました。担任は，彼に何して遊んでいるのかと聞くと，彼は「動物が落ちるゲームだよ」と答えました。そして，彼は誰かを探しているかのように悲しそうに窓の外を見ました。

　デイビッドが「母親」と「赤ちゃん」の象を使って，親子が一緒にいて，別れて，また一緒になるという状況を遊びで表現しているのは明らかでした。担任のいるところでこれをやり抜いたことは，デイビッドが，彼のもとを離れた後でまた戻ってきてくれる母親のイメージを心の中に持つ助けになったのでしょう。次の週には，母親と別れる時のデイビッドの泣き声は穏やかになっていき，随分と落ち着いていきました。

グループの中にいること

　3歳の子どもというのは，社交的になるのを楽しむ段階にあり，グループでの活動やおしゃべりから，多くのことを得ることができます。グループが大きすぎず，しっかり見守ってもらえていたら，園庭での水遊びや一緒に「がらくたによる芸術作品」を作ることは，刺激的で得るものが多いでしょう。どんなグループにも，リーダーとなる子どもが現れ，他の子よりも人気がある子どもが出てくるでしょう。いじめっ子のようになることもあり，標的になってしまう子どもや，そこになんとか馴染もうと苦労する子どももいるかもしれません。幼稚園に行くのは楽しいことですが，とても緊張することでもあるのです。幼稚園に新しく入った子は，おやつの時間に隣に座った

子どもが自分のビスケットを食べてしまうのをすぐには止められないかもしれません。彼はもう少し「強くなる」ことを学び、この「熾烈な」世界での自分の分け前を確保するため、次の時にはすぐに2つのビスケットをひったくっているかもしれません。しかし、子どもたちには最も強いものが生き残れるという考えに慣れすぎにさせたくはないものです。

親が幼稚園の先生と定期的に連絡を取り続けることは重要です。そこで、子どもがどうしているかを聞き、問題が起こる前に心配事を察知して、共有しておくのです。時々、子どもが殴られたり、いじめられたりといったような事件について、親は子どもから聞き、加害者側の子どもの親と接触したい気持ちに駆られるかもしれません。子どもと強く同一化していると、そこに巻き込まれないようにするのは困難です。時には、子どもがそのようなもめごとがあったことを忘れてしばらくしても、親同士の諍いがひどくなっていくことがあります。

競　争

3歳のピートはサークルの時間にグレッグの隣に座りました。みんなは、植物が大きくなるためには何が必要かを話し合っていました。先生が、家に庭がある子は、自分の庭で何が大きくなっているのを見ましたかと聞きました。ある子どもは「僕の家の庭は**本当に**大きいんだよ」と言いました。ピートは「僕んちの方がもっと大きいよ。そこでテントウムシだって捕まえられるんだから」と言いました。子どもたちは自分の庭がどれだけ大きいかを叫び始めて、先生はしばらく聞いて、そしてひまわりのお話を読み始めました。

グループではライバル心や競争が起こるものです。子どもたちは、自分が持っている特別なおもちゃや自分が行ったお出かけについて挑発的に話して、他の子を嫉妬させることで、自分自身の嫉妬に対処することがよくあります。

想像的な遊び

　子どもたちはグループで想像的な遊びをすることがよくあります。勇敢な行動を互いにけしかけ合ったり，みんなを恐怖で身震いさせたりします。サークルの時間の後，グレッグはある子どもがトラの格好をしていることに気づきました。グレッグは「なんてこった，トラだ！逃げろー！」とピートに叫びました。彼は部屋の反対側に大急ぎで逃げて，ピートをずっと呼び続けていました。他の男の子達も集まってきて，攻撃してくるようにトラをせっつきだしました。グレッグは「トラが僕達を捕まえようとしてるぞ」と叫び，隠れようと椅子の下に潜り込んで，「トラから逃げろー」と言いました。グレッグは木製の積木セットの箱から長い棒をいくつか出して，ピートにも渡しました。男の子達はうなり声を上げて，「剣」を振り回し，足を踏み鳴らして，とても興奮し始めているようでした。グレッグは「これはトラを殺すのに良さそうだ！」と言いました。トラの着ぐるみを着た男の子は後ずさりし始め，少し不安になっているようでした。この時点で先生がやって来て，立って見ながら，子どもが興奮して我を忘れたら止められるように備えました。

　この場面から見てとれるのは，グレッグがある遊びを始め，ピートを自分に従わせようとする様子です。子どもたちはトラに怯えていたのと同時に，戦いたいと思っているようです。彼らの猛々しい，攻撃的な感情のいくらかはトラのせいにされていて，トラを殺すことでそれに打ち勝ちたいのです。

グループから一時的に離れる

　子どもたちはたいてい元気いっぱいで，グループでの活動に挑む準備ができていますが，時々すべてを持て余して，しばらく引き込もるかもしれません。幼稚園の先生のリンは，キムとトニーに雪だるまの作り方を見せていました。厚紙の胴体と頭はすでに切ってあって，子どもたちはそれをくっつけて，綿でくるむ必要がありました。キムはよく分かっていて自信を持って取

り組んで，数分で雪だるまを完成させました。トニーは集中できないようで，とてもゆっくりしか進みませんでした。彼は慎重に筆に糊をつけて，ときどき手を止めては，キムの出来上がった作品を見ながら，丸い厚紙の形にそって何度も糊を塗りました。彼は綿を少しずつ取っては，それを厚紙にとても優しく貼り付けました。そして，その柔らかい綿を触りながら，数分間ぼーと突っ立っていました。白昼夢を見ていたようでした。私たちにはわかりませんが，おそらくその綿の柔らかい感触がトニーに母親や家を思い出させたようで，彼は一時的に喧騒から離れていたようでした。

親的な存在としての先生

　親や幼稚園の先生は，子どもが特定の先生になついていく早さに驚くことがよくあります。子どもは親密で特別な関係を持てて，頼ることができる大人が1人か2人いると感じる必要があります。その大人は子どもの目からすると，少しだけ「お母さん」のように見えてきます。子どもがこれといった理由もなく，突然動揺して，幼稚園に行くのを拒むようになることがあるかもしれません。やがて親は，子どものお気に入りの先生が病気もしくはお休みでいないということに気づいて，合点がいきます。子どもはこのような重要な人が突然予期せずにいなくなると不安になることがあるので，子どもにとっても親にとっても誰かがいなくなるということを前もって知っておくことは役に立ちます。お別れ会をして，贈り物を渡して，バイバイを言うことは，去る人にとっても，残される人にとっても重要な儀式なのです。なぜなら，それが終わりを際立たせて，お別れや喪失の感覚を認識する機会となるからです。

先生の関心を求めるライバル

　小さな子どもが幼稚園に行くようになって，一番大きな挑戦のうちの一つが，大勢の子どもたちで数人の大人を共有しなくてはならないということで

す。子どもにとっては，急に20人のきょうだいがいるような境地に陥って，みんなが「お母さんの」（先生の）関心を引こうと競っているかのように感じられるかもしれません。押す，蹴る，嚙むといった，幼稚園の先生が「攻撃的」もしくは「暴力的」と記述するような子どもの行動のほとんどは，このような問題から起きているかもしれません。そのような子どもは，先生が自分に気づいて，注目してくれるように，ライバルである「きょうだい」をどけようと押したり，蹴ったりしなければならないと感じているのかもしれません。

　赤ちゃんの頃やよちよち歩きの頃に，思慮深い親から一対一の関心を十分に得られてきている子どもは，たいてい「良いお母さんの感じ」を心の中に保持しています。その助けを借りて，子どもは先生の関心を求める前にもう少し我慢できるようになるようです。このような子どもは，小さい頃から個別の関心を十分に受けられなかった子どもよりも関心に飢えていないので，他者と分かちあうことも容易なのです。関心を受けられていない子どもはまだ排他的な親子の時間を望んでいますが，もちろん忙しい幼稚園でそれを見つけるのは困難です。結局，このような子どもは部屋の外に出されて，まさしくその子がもっと近づきたい対象である先生から離されてしまいます。これはその子どもをさらにひどい気持ちにさせ，もっとひどい振る舞いをするようにしてしまうことでしょう。子どものグループが小さいほど，また資格を持った，思慮深い先生の割合が高いほど，関係者すべてにとって望ましいことになります。

おわりに

　3歳児との生活は，活力を与えてくれるものであると同時に，疲弊させるものでもあり，喜びとドラマに満ちています。この年の終わりに，子どもは幼稚園に通いだし，友達ができて社会化していくでしょう。彼らは多くのことに自信を持つでしょうが，4歳という次の冒険に移るためには親や親しい家族からの愛情に満ちた世話をまだまだ必要としているでしょう。

読書案内

第Ⅰ部　2歳の子どもを理解する

Bowlby, J. (1979) *The Making and Breaking of Affectional Bonds.* London: Tavistock Publications.（作田勉監訳：ボゥルビィ母子関係入門．星和書店，1981．）

Daws, D. (1989) *Through the Night: Helping Parents and Sleepless Infants.* London: Free Association Books.

Fraiberg, S.H. (1976) *The Magic Years: Understanding the Problem of Early Childhood.* London: Methuen.（詫摩武俊，高辻礼子訳：小さな魔術師──幼児期の心の発達．金子書房，1992．）

Harris, M. (1975) *Thinking about Infants and Young Children.* Strath Tay, Pershire: Clunie Press.

Hindle, D. and Smith, M.V. (eds) (1999) *Personality Development: A Psychoanalytic Perspective.* London and New York: Routledge.

Philips, A. (1999) *Saying "No": Why It's Importantfor You and your Child.* London: Faber & Faber.

Waddell, M. (2002) *Inside Lives: Psychoanalysis and the Growth of the Personality.* Tavistock Clinic Series. London: Karnac.

Winnicott, D.W. (1964) *The Child, the Family and the Outside World.* London: Penguin.（猪股丈二訳：子どもと家族とまわりの世界［上・下］．星和書店，1985，1986．）

第Ⅱ部　3歳の子どもを理解する

Bowlby, J. (1979) *The Making and Breaking of Affectional Bonds.* London: Tavistock Publications.（作田勉監訳：ボゥルビィ母子関係入門．星和書店，1981．）

Bowlby, J. (1988) *A Secure Base: Clinical Applications of Attachment Theory.* London: Routledge.（二木武訳：母と子のアタッチメント──心の安全基地．医歯薬出版，1993．）

Harris, M. (1975) *Thinking about Infants and Young Children.* Strath Tay, Perthshire: Clunie Press.

Hindle, D. and Vaciago Smith, M. (eds) (1999) *Personality Development: A Psychoanalytic*

Perspective. London: Routledge.

Philips, A. (1999) *Saying "No": Why It's Important for You and Your Child.* London: Faber & Faber.

Rosenbluth, D. with Harris, M., Osborne, E.L. and O'Shaughnessy, E. (1969) *Your 3 Year Old.* London: Corgi.

Waddell, M. (1998) *Inside Lives: Psychoanalysis and the Development of Personality.* Tavistock Clinic Series. London: Duckworth.

Winnicott, D.W. (1964) *The Child, the Family and the Outside World.* London: Penguin.（猪股丈二訳：子どもと家族とまわりの世界［上・下］．星和書店，1985，1986．）

3歳児のために

Ahlberg, A. and Amstutz, A. (1981) *Mrs Lather's Laundry.* Hartnondsworth: Puffin.

Ahlberg, J. and Ahlberg, A. (1991) *Each Peach Pear Plum.* London: Viking.（佐藤涼子訳：もものき なしのき プラムのき．評論社，1981．）

Berenstain, S. and Berenstain, J. (1967) *The Bike Lesson.* London: Collins.

Blake, Q. (1992) *All Join In.* London: Red Fox.

Browne, A. (1995) *Gorilla.* London: Walker.（山下明生訳：すきですゴリラ．あかね書房，1985．）

Carle, E. (1982) *The Bad-tempered Ladybird.* Harmondsworth: Puffin.（もりひさし訳：ごきげんななめのてんとうむし．偕成社，1998．）

Carle, E. (1985) *The Mixed-up Chameleon.* London: Hamish Hamilton.（やぎたよしこ訳：ごちゃまぜカメレオン．ほるぷ出版，1978．）

Carle, E. (1987) *Do You Want to be my Friend?* London: Hamish Hamilton.（ね，ぼくのともだちになって！偕成社，1993．）

Carle, E. (2000) *The Very Hungry Caterpillar.* London: Hamish Hamilton.（もりひさし訳：はらぺこあおむし．偕成社，1989．）

Cooper, H. (1995) *Little Monster Did It!* London: Doubleday.

Dickinson, M. (1985) *New Clothes for Alex.* London: Hippo.

Fraiberg, S.H. (1976) *The Magic Years: Understanding the Problems of Early Childhood.* London: Methuen.（詫摩武俊，高辻礼子訳：小さな魔術師——幼児期の心の発達．金子書房，1992．）

French, V. (1995) *Oliver's Vegetables.* London: Hodder.

Garland, S. (1983) *Doing the Washing.* London: Bodley Head.

Garland, S. (1995) *Going Shopping.* London: Puffin.

Hutchins, P. (1994) *You'll Soon Grow into Them, Titch.* London: Red Fox.（いしいももこ訳：ぶかぶかティッチ．福音館書店，1984．）

McBratney, S. (2001) *I'm Not your Friend.* London: Collins.

McKee, D. (1996) *Not Now, Bernard.* London: Red Fox.

Milne, A.A. (1995) "The End", in *Now We are Six*. London: Methuen.（小田島雄志・小田島若子訳：クマのプーさんとぼく．晶文社，1979．）

Milne, A.A. (1973) *Winnie-the-Pooh*. London: Methuen.（石井桃子訳：くまのプーさん．岩波書店，2000．）

Murphy, J. (1995) *Five Minutes' Peace*. London: Magi.

Nicoll, H. and Pieńkowski, J. (1973) *Meg's Eggs*. London: Heinemann.（ふしみみさを訳：メグとふしぎなたまご．偕成社，2007．）

Oram, H. and Kitamura, S. (1993) *Angry Arthur*. London: Red Fox.（きたむらさとし訳：ぼくはおこった．評論社，1996．）

Ross, T. (1986) *I Want my Potty!* London: Andersen.（金原瑞人訳：おまるがない！　偕成社，1993．）

Sendak, M. (1992) *Where the Wild Things Are*. London: Picture Lions.（じんぐうてるお訳：かいじゅうたちのいるところ．冨山房，1975．）

Seuss, Dr (2002) *Green Eggs and Ham*. London: Harper Collins.

Waddell, M. and Firth, B. (1988) *Can't You Sleep, Little Bear?* London: Walker.（角野栄子訳：ねむれないの？　ちいくまくん．評論社，1991．）

監訳者あとがき

　本書は乳幼児精神保健の領域で世界的によく知られた，英国のタビストック・クリニックが刊行してきた「タビストック　子どもの心と発達シリーズ」のうち，「2歳の子どもを理解する」と「3歳の子どもを理解する」の全訳を収録したものです。
　本書は，一般的にもむずかしい年齢と言われる2,3歳児の心の世界を扱っています。この年代の子どもは運動能力がぐんと高まり，さまざまな活動を自分の力で行うことができるようになります。さらに，言葉によるコミュニケーションも板についてきます。自分はなんでもできるのだ，という強い自負も生まれてきます。しかしその一方で，多くのできないことにぶつかっては，ひどく落胆し，怒り，悲しみ，その気持ちを親をはじめとする大人に理解され支えてもらう必要もあります。高揚と落胆，喜びと怒り，悲しみといった極端な感情が複雑に入り交じるなか，子どもは大人の助けを借りながらも，自分という感覚を発展させていきます。本書では，この時期の子どもの複雑な心の様子が，さまざまな場面の事例を通して，生き生きと描き出されているように思われます。また，子どもの様子だけでなく，その子どもに関わる大人の心のあり方を通して，子どもの心が理解されていきます。
　読者の中には，本書にとまどいを感じる方もいるかも知れません。本書には，「この時期の子どもとどのようにつき合ったらよいか」といったアドバイスはありません。さらに，この時期の子どもの一般的なあり方についても，最小限にしか記載されていません。これらの点で，本書は，この時期の子どもの一般的な心理や，おおむね有効とされる対処法を得るために相応しい本ではありません。
　本書で描き出されているのは，ありとあらゆる形で，自分の感じているこ

とを伝えてくる子どもと，子どもが伝えてくることに，狼狽え，困惑し，時にしっかりと受けとめる親たちの姿です。著者たちは，子どもと親たちとの間に起きる出来事をありのままに描き出すことによって，子どもについての理解だけでなく，「子どもを理解していくプロセス」そのものを伝えようとしているように思います。

この「子どもを理解していくプロセス」の背景には，心理治療（とくに精神分析）の実践から導き出された洞察が含まれています。それは，心は単独で形づくられ育っていくものではなく，重要な人との情緒的な関わりを通して形づくられ育っていく，という洞察です。本書の中の事例のほとんどで，子どもは自分のしていることがどんな意味を持っているのか知りません。ただ，感じたままに振る舞っています。しかし，その振る舞いは，それを受け止める親たちの心に，さまざまな思いを引き起こします。親たちは，時に怒り，落胆し，無力感に陥り，悩みます。ところが，そういった感情にじっくりと取り組んでいると，まさにそういった感情の中に，子どもの行動の意味や，そこに含まれている感情の意味を理解するヒントが現れてくるのです。このようにして得られた理解は，親たちの子どもに対する振る舞いや働きかけに反映され，そこから子どもは理解されていると感じ，その時にいたって，自分の感情の意味をみずから悟るのです。

こう書くと簡単なことのように思われますが，子どもから発信されるさまざまなことを受け止めることがいかに困難で，苦痛を強いられることであるのかは，本書の事例からも感じられることでしょうし，育児や子どもに関わっている人にとっては，日々実感するところでしょう。子どもから発せられるさまざまな情動は非常に強く，一人だけで受けとめられることの方が少ないくらいです。そこで受けとめる親たちにも，親たちの心を受けとめる援助が必要です。母親が十分に受けとめられないときには，父親が母親を受けとめ，家族で受けとめられないときには，友人や親同士の会，そして……。ときには専門機関の援助を必要とすることもあるかも知れません。一人の人間の心が育つには，非常に多くの人たちの心が関わっています。そして，私たちの心は，そういった心の関わりの痕跡で満ちあふれています。

本書はこのような考えにもとづいて,「子どもを理解するプロセス」そのものを読者に生き生きと,ときに生々しく伝えているように思われます。それは,子どもについての一般論とは違い,実際に子どもに関わり理解しようとするときに大きく役立つはずです。

本書の翻訳は,NPO法人子どもの心理療法支援会の有志で進められました。NPO法人子どもの心理療法支援会は,本書の著者たちと同じ専門である児童青年心理療法による援助を,わが国の子どもたちや親御さんたちがもっと利用できるように活動している団体です。私たちは,本書に見られるような子育ての知恵を多くの親御さんたちと共有していくことも大切な活動だと考えており,本書の翻訳の仕事もそのような活動の一環として企画されました。

訳の分担は以下の通りです。

第Ⅰ部　日下紀子（谷町子どもセンター）：はじめに,第1,2章
　　　　谷向みつえ（関西福祉科学大学）：第3,4,5章,おわりに
第Ⅱ部　津田真知子（大阪心理臨床研究所・京橋心理相談室）：第1,2,3章
　　　　松本拓真（佛教大学学生相談センター）：はじめに,第4,5,6章,おわりに

訳者はいずれもNPO法人子どもの心理療法支援会の会員です。訳文については,それぞれの訳を武藤が推敲したものに,平井が適宜修正を加えて決定しました。とりわけ本シリーズの刊行には,岩崎学術出版社の長谷川純氏の力が大きかったことを明記しておきます。長谷川氏は,本シリーズの企画段階から完成に至るまで,辛抱強く訳者らを励ましてくれただけでなく,最終的な訳稿作成の段階で,誤訳の指摘にはじまり,丹念な訳文のチェックによって訳文をブラッシュアップしてくれました。その力量に感嘆するとともに感謝いたします。

子どもや心の問題に関わる多くの方々の実践において,本書が大いに役立ってくれることを願います。

2013年10月

監訳者を代表して　武藤　誠

索　引

あ行

愛着（アタッチメント）　40, 87
愛着対象　40
アイデンティティ　39
悪夢　59, 169
遊び　54
新しい赤ちゃん　42
　　──の誕生　128
安全基地　87
安定性　26
怒り　150
妹　44
「イヤ」　22
エディプス・コンプレックス　41, 106
エディプス的感情　106
エディプス的な願望　167
絵本　57
「恐ろしい2歳」（テリブル・ツー）　37
弟　44
脅し　157
親的な存在としての先生　184
親の心配　169
親の役割　116
お別れ　180
音楽のグループ　52

か行

家族関係　105
家族旅行　148
家庭の問題　70
考えてくれる心（シンキング・マインド）　52
かんしゃく　154
気質　90
吃音　126
虐待　46
競争　182
　　──心　119
きょうだい　46
恐怖　170
禁止　155
空想　59
　　──上のものについての質問　98
　　──世界　92
　　──と現実の違い　96
グループの中にいること　181
公園の遊び場グループ　52
好奇心　103
攻撃性　49, 150
5歳以下の子どもと家族のための専門家の
　　サービス　152
子育て　66
ごっこ遊び　92
孤独感　32
言葉の獲得　60
コミュニケーション　60

さ行

罪悪感　99
再婚した家族　73
時間の感覚　25
自己コントロール　24
自己主張　22
自己の感覚　75
しつけ　118
　　——の方法　159
嫉妬　44
質問　103
死別　62
ジャンクフード　174
授乳　130
食事　28
自立　37
思慮深い親　185
思慮深い先生　185
シングル・マザー　68
心理療法士　7
睡眠　31
　　——障害　108
　　——の困難　167
スキル　56
性格　90
制限　155
性的アイデンティティ　176
性的感情　143
性（ジェンダー）の違い　176
摂食の困難　172
先生の関心を求めるライバル　184
喪失　37
想像　47, 59
　　——上の友だち　96
　　——的な遊び　56, 183
祖父母　65

た行

代理自我　54
他者への共感　87
叩く　158
タビストック・クリニック　7
食べ物の好み
　　——と摂食に関する心配事　172
　　——のうるさい子　174
地域の子どもの精神保健のためのクリニック　152
チャイルドマインダー　51
中絶　124
長男・長女　132
懲罰的な親　159
敵意　45
テレビ　63
トイレット・トレーニング　34
同一化　114
同性結婚をした家庭の子ども　73
同性婚の親　62
年上のきょうだい　131
年下のきょうだい　128
図書館グループ　52
友だち　46

な行

ナニー　51
日課　25
妊娠　42, 126
寝る時間の恐怖　169
寝る前の儀式　167

は行

パーソナリティ　90
バイバイを言う　179
非言語的コミュニケーション　75
ビデオ　63

一人親　　111, 120
一人っ子　　132
一人で寝ること　　110
病気　　177
ファンタジー　　47
フロイト，S.　　106
分離　　31, 88
　　──の後の再会　　112
保育園　　47
保育所　　51
ボウルビィ，ジョン　　87
保母　　64

や行

夜驚　　171
夢　　169

幼稚園　　88
幼稚園の先生　　184
欲求不満の感情　　95

ら・わ行

ライバル心　　182
離婚　　62
離乳　　38, 172
　　──食　　172
離別　　120
良心　　98
両親カップル　　107
両親の結婚生活　　162
両親の性的生活　　110
両親を仲たがいさせること　　117
賄賂　　157

原著者紹介
リサ・ミラー（Lisa Miller, MA (Oxon), MACP）
ロンドン，タビストック・クリニックのコンサルタント児童青年心理療法士で，元，児童・家族部門の責任者。国際乳幼児観察誌の編集委員。

ルイーズ・エマニュエル（Louise Emanuel, BA, DipEd, MPsychPsych）
タビストック・クリニック児童・家族部門のコンサルタント児童青年心理療法士。夫と二児とともにロンドン在住。

監訳者略歴
平井正三（ひらい　しょうぞう）
1994年　京都大学教育学部博士課程 研究指導認定退学
1997年　英国タビストック・クリニック児童・青年心理療法コース修了
　　　　帰国後，佛教大学臨床心理学研究センター嘱託臨床心理士，京都光華女子大学助教授などを経て，現在，御池心理療法センター（http://www.oike-center.jp/）にて開業の傍ら，NPO法人子どもの心理療法支援会（http://sacp.jp/）の理事長を務める。2011年より大阪経済大学大学院人間科学研究科客員教授に就任。
著　書　『子どもの精神分析的心理療法の経験』（金剛出版），『精神分析的心理療法と象徴化』（岩崎学術出版社）
訳　書　〔共訳〕
　　　　アンダーソン編『クラインとビオンの臨床講義』（岩崎学術出版社），ヒンシェルウッド著『クリニカル・クライン』（誠信書房），ビオン著『精神分析の方法Ⅱ』（法政大学出版局），アルヴァレズ著『こころの再生を求めて』（岩崎学術出版社），メルツァー著『夢生活』（金剛出版）
　　　　〔監訳〕
　　　　ブロンスタイン編『現代クライン派入門』（岩崎学術出版社），タスティン著『自閉症と小児精神病』（創元社），ボストンとスザー編『被虐待児の精神分析的心理療法』（金剛出版），ウィッテンバーグ著『臨床現場に生かすクライン派精神分析』，ウィッテンバーグ他著『学校現場に生かす精神分析』，ヨーエル著『学校現場に生かす精神分析〈実践編〉』，バートラム著『特別なニーズを持つ子どもを理解する』，ボズウェル，ジョーンズ著『子どもを理解する〈0～1歳〉』（以上 岩崎学術出版社），ホーン&ラニャード編『児童青年心理療法ハンドブック』（創元社）

武藤　誠（むとう　まこと）
2003年　京都大学大学院教育学研究科博士課程単位取得退学
専　攻　臨床心理学
現　職　淀川キリスト教病院 精神神経科 心理療法室
　　　　NPO法人子どもの心理療法支援会正会員
訳　書　ウィッテンバーグ著『臨床現場に生かすクライン派精神分析』（岩崎学術出版社），バートラム著『特別なニーズを持つ子どもを理解する』，ボズウェル，ジョーンズ著『子どもを理解する〈0～1歳〉』（以上監訳 岩崎学術出版社）

タビストック 子どもの心と発達シリーズ
子どもを理解する〈2〜3歳〉
ISBN978-4-7533-1068-5

監訳者
平井正三
武藤　誠

2013年11月16日　第1刷発行
2021年 5月13日　第3刷発行

印刷　広研印刷(株)　／　製本　(株)若林製本工場

発行所　(株)岩崎学術出版社　〒101-0062　東京都千代田区神田駿河台3-6-1
発行者　杉田啓三
電話　03(5577)6817　FAX　03(5577)6837
©2013　岩崎学術出版社
乱丁・落丁本はおとりかえいたします　検印省略

子どもを理解する〈0〜1歳〉
ボズウェル／ジョーンズ著　平井正三・武藤誠監訳
タビストック 子どもの心と発達シリーズ　　　　　　本体2200円

特別なニーズを持つ子どもを理解する
バートラム著　平井正三・武藤誠監訳
タビストック 子どもの心と発達シリーズ　　　　　　本体1700円

母子臨床の精神力動──精神分析・発達心理学から子育て支援へ
ラファエル-レフ編　木部則雄監訳
母子関係を理解し支援につなげるための珠玉の論文集　　本体6600円

学校現場に生かす精神分析【実践編】──学ぶことの関係性
ヨーエル著　平井正三監訳
精神分析的思考を生かすための具体的な手がかりを示す　　本体2500円

学校現場に生かす精神分析──学ぶことと教えることの情緒的体験
ウィッテンバーグ他著　平井正三・鈴木誠・鵜飼奈津子監訳
「理解できない」子どもの問題の理解を試みる　　本体2800円

臨床現場に生かすクライン派精神分析──精神分析における洞察と関係性
ウィッテンバーグ著　平井正三監訳
臨床現場に生きる実践家のために　　　　　　　　本体2800円

こどものこころのアセスメント──乳幼児から思春期の精神分析アプローチ
ラスティン／カグリアータ著　木部則雄監訳
こどもの心的世界や家族関係を力動的視点から理解する　本体3700円

精神分析的心理療法と象徴化──コンテインメントをめぐる臨床思考
平井正三著
治療空間が成長と変化を促す器であるために　　　本体3800円

こどもの精神分析Ⅱ──クライン派による現代のこどもへのアプローチ
木部則雄著
前作から6年，こどもの心的世界の探索の深まり　　本体3800円

この本体価格に消費税が加算されます。定価は変わることがあります。